U0647593

“新思想在浙江的萌发与实践”系列教材

主编 任少波

“千万工程”与美丽乡村

The Green Rural Revival Programme and the Beautiful Countryside

顾益康 编著

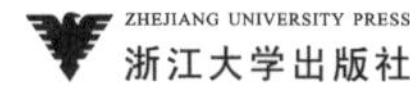

ZHEJIANG UNIVERSITY PRESS
浙江大学出版社

序

浙江是中国革命红船起航地、改革开放先行地、习近平新时代中国特色社会主义思想重要萌发地。习近平同志在浙江工作期间，作出了“八八战略”重大决策部署，先后提出了“绿水青山就是金山银山”“腾笼换鸟、凤凰涅槃”等科学论断，作出了平安浙江、法治浙江、数字浙江、文化大省、生态省建设、山海协作及加强党的执政能力建设等重要部署，推动浙江经济社会发展取得前所未有的巨大成就。2020 年 3 月 29 日至 4 月 1 日，习近平总书记到浙江考察，提出浙江要坚持新发展理念，坚持以“八八战略”为统领，干在实处、走在前列、勇立潮头，努力成为新时代全面展示中国特色社会主义制度优越性的重要窗口。2021 年 6 月，中共中央、国务院发布《关于支持浙江高质量发展建设共同富裕示范区的意见》，赋予浙江新的使命和任务。习近平新时代中国特色社会主义思想在浙江的萌发与实践开出了鲜艳的理论之花，结出了丰硕的实践之果，是一部中国特色社会主义理论的鲜活教科书。

走进新时代，高校在宣传阐释新思想、培养时代新人方面责无旁贷。浙江大学是一所在海内外具有较大影响力的综合型、研究型、创新型大学，同时也是中组部、教育部确定的首批全国干部教育培训基地。习近平同志曾 18 次莅临浙江大学指导，对学校改革发展作出了一系列重要指示。我们编写本系列教材，就是要充分发挥浙江“三个地”的政治优势，将新思想在浙江的萌发与实践作为开展干部培训的重要内容，作为介绍浙江努力打造新时代“重要窗口”的案例样本，作为浙江大学办学的重要特色，举全校之力高质量教育培训干部，高水平服务党和国家事业发展。同时，本系列教材也将作为高校思想政治理论课的重要教材，引导师生通过了解浙江改革发展历程，深切感悟新思想的理论穿透力和强大生命力，深入感知国情、省情和民情，让思想政治理论课更加鲜活，让新思想更加入脑入心，打造具有浙江大学特色的高水平干部培训和思想政治教育品牌。

实践是理论之源，理论是行动先导。作为改革开放先行地，浙江坚持“八八战略”，一张蓝图绘到底，全面客观分析世情、国情和省情与浙江动态优势，扬长避短、取长补短走出了符合浙江实际的发展道路；作为乡村振兴探索的先行省份，浙江从“千村示范、万村整治”起步，以“山海协作”工程为重大载体，逐步破除城乡二元结构，有效整合工业化、城市化、农业农村现代化，统筹城乡发展，率先在全国走出一条以城带乡、以工促农、山海协作、城乡一体发展的道路；作为“绿水青山就是金山银山”理念的发源地和率先实践地，浙江省将生态建设摆到重要位置统筹谋划，不断强化环境治理和生态省建设，打造“美丽浙江”，为“绿色浙江”的建设迈向更高水平、更高境界指明了前进方向和战略路径；作为经济转型发展的先进省份，浙江坚持以发展为第一要务，以创新为第一动力，通过“立足浙江发展浙江”，“跳出浙江发展浙江”，在“腾笼换鸟”中“凤凰涅槃”，由资源小省发展成为经济大省、开放大省。

在浙江工作期间，习近平同志怀着强烈的使命担当，提出加强党的建设“巩固八个方面的基础，增强八个方面的本领”的总体战略部署，从干部队伍和人才队伍建设、基层组织和党员队伍建设、党的作风建设与反腐败斗争等方面坚持和完善党的领导，有力推进了浙江党的建设走在前列、发展走在前列。在浙江工作期间，习近平同志以高度的文化自觉，坚定文化自信、致力文化自强，科学提炼了“求真务实、诚信和谐、开放图强”的“浙江精神”，对浙江文化建设作出了总体部署，为浙江文化改革发展指明了前进方向。在浙江工作期间，习近平同志积极推进平安浙江、法治浙江、文化大省建设。作为“平安中国”先行先试的省域样本，浙江被公认为全国最安全、社会公平指数最高的省份之一。在浙江工作期间，习近平同志着力于发展理念与发展实践的有机统一，着力于发展观对发展道路的方向引领，着力于浙江在区域发展中的主旨探索、主体依靠、关系处理及实践经验的总体把握，深刻思考了浙江发展的现实挑战、面临困境、发展目标、依靠动力和基本保障等一系列问题，在省域层面对新发展理念进行了思考与探索。

从“绿水青山就是金山银山”理念到“美丽中国”，从“千万工程”到“乡村振兴”，从“法治浙江”到“法治中国”，从“平安浙江”到“平安中国”，从“文化大省”到“文化强国”，从“数字浙江”到“数字中国”，从对内对外开放到双循环新格局……可以清晰地看到，习近平同志在浙江的重大战略布局、改革发展举措及创新实践经验，体现了新思想萌发与实践的重要历程。

浙江的探索与实践是对新思想鲜活、生动、具体的诠释，对党政干部培训和高校思想政治理论课教学而言，就是要不断推动新思想进学术、进学科、进课程、进培训、进读本，使新思想落地生根、入脑入心。本系列教材由浙江省有关领导干部、专家及浙江大学知名学者执笔，内容涵盖“八八战略”、新发展理念、“绿水青山就是金山银山”理念、乡村振兴、“千万工程”、“山海协作”、县域治理、“腾笼换鸟”、对内对外开放、党的建设、新时代“枫桥经验”、平安浙江、法治浙江、数字浙江、健康浙江、民营经济、精神引领、文化建设、创新强省等重要专题。浙江省以习近平新时代中国特色社会主义思想为指引，全面贯彻党中央各项决策部署，统筹推进“五位一体”总体布局，协调推进“四个全面”战略布局，坚持稳中求进工作总基调，坚持新发展理念，坚持以“八八战略”为统领，一张蓝图绘到底，为社会各界深入了解浙江改革开放和社会主义现代化建设的成功经验提供有益的参考。

本系列教材主要有以下特色：一是思想性。教材以习近平新时代中国特色社会主义思想为指导，通过新思想在浙江的萌发与实践展现党的创新理论的鲜活力量。二是历史性。教材编写涉及的主要时期为2002年到2007年，并作适当延伸或回顾，集中反映浙江坚持一张蓝图绘到底，在新思想指导下的新实践与取得的新成就。三是现实性。教材充分展现新思想萌发与实践过程中的历史发展、典型案例、现实场景，突出实践指导意义。四是实训性。教材主要面向干部和大学生，强调理论学习与能力提升相结合，使用较多案例及分析，注重示范推广性，配以思考题和拓展阅读，加强训练引导。

“何处潮偏盛？钱塘无与俦。”奔涌向前的时代巨澜正赋予浙江新的期望与使命。起航地、先行地、重要萌发地相互交汇在这片神奇的土地上，浙江为新时代新思想的萌发、形成和发展提供了丰富的实践土壤。全景式、立体式展示浙江的探索实践，科学全面总结浙江的经验，对于学深悟透党的创新理论，用习近平新时代中国特色社会主义思想武装全党、教育人民具有重大意义。让我们不负梦想、不负时代，坚定不移地推进“八八战略”再深化、改革开放再出发，为建设社会主义现代化强国、实现中华民族伟大复兴的中国梦作出更大贡献。

感谢专家王永昌教授、胡坚教授、盛世豪教授、刘亭教授、张彦教授、宋学印特聘研究员对本系列教材的指导和统稿，感谢浙江大学党委宣传部、浙江大学继续教育学院（全国干部教育培训浙江大学基地）、浙江省习近平新时代中国特色社会主义思想研究中心浙江大学研究基地、浙江大学中国特色社会主义研究中心、浙江大学马克思主义学院、浙江大学出版社对本系列教材的大力支持，感谢各位作者的辛勤付出。由于时间比较仓促，书中难免有不尽完善之处，敬请读者批评指正。

是为序。

“新思想在浙江的萌发与实践”
系列教材编委会
二〇二一年十二月

前 言

浙江是习近平新时代中国特色社会主义思想的重要萌发地，也是“绿水青山就是金山银山”理念诞生地和中国美丽乡村首创地。2003年，时任浙江省委书记习近平亲自谋划和实施了“千村示范、万村整治”工程（简称“千万工程”），开启了中国美丽乡村建设新时代。2005年，习近平同志在安吉余村首次提出“绿水青山就是金山银山”理念；2008年，安吉以“绿水青山就是金山银山”理念为引领，发挥生态优势，推进“千万工程”，首创了中国美丽乡村建设。2010年，浙江总结推广安吉经验，实施“美丽乡村建设行动计划”，把美丽乡村建设作为“千万工程”的新目标。18年来浙江坚持一张蓝图绘到底，一届接着一届干，“千万工程”成为推进农村全面小康建设的基础工程、优美人居环境的生态工程、造福广大农民的民心工程，整体提升了浙江农村经济、政治、文化、社会、生态文明五位一体的建设水平，探索出了一条美丽乡村建设和乡村复兴之路，为党的十九大作出实施乡村振兴战略决策提供了重要的实践依据和理论启迪。习近平同志作为浙江“千万工程”的首创者和推动者，多年来一直关心着“千万工程”的进展。2013年是“千万工程”实施10周年，习近平总书记作出重要指示，强调要认真总结浙江省开展“千村示范、万村整治”工程的经验并加以推广。2015年5月，习近平总书记到浙江考察时又专门考察了舟山的美丽乡村建设，提出美丽中国要靠美丽乡村打基础，浙江建设美丽乡村有自然禀赋也有当年开展“千村示范、万村整治”工程的前瞻性。中共中央、国务院专门发文总结推广浙江“千万工程”和美丽乡村建设经验，在全国广泛开展农村人居环境大整治，把生态宜居的美丽乡村建设作为乡村振兴战略的重点任务。2018 年 4 月在“千万工程”实施 15 周年之际，习近平总书记又对浙江“千万工程”和乡村振兴战略作出重要批示，“浙江省 15 年间久久为功，扎实推进‘千村示范、万村整治’工程，造就了万千美丽乡村，取得了显著成效。我多次讲过，农村环境整治这个事，不管是发达地区还是欠发达地区都要搞，但标准可以有高有低。要结合实施农村人居环境整治三年行动计划和乡村振兴战略，进一步推广浙江好的经验做法，因地制宜、精准施策，不搞‘政绩工程’、‘形象工程’，一件事情接着一件事情办，一年接着一年干，建设好生态宜居的美丽乡村，让广大农民在乡村振兴中有更多获得感、幸福感”。2018 年 9 月，浙江“千万工程”荣获联合国“地球卫士奖”，得到了世界广泛的赞誉。

2020 年 3 月 29 日至 4 月 1 日，在统筹推进疫情防控和复工复产的关键时刻，习近平总书记再次来到浙江考察，对浙江提出了“努力成为新时代全面展示中国特色社会主义制度优越性的重要窗口”的殷殷嘱托。在浙江考察期间，习近平总书记再次来到他首次提出“绿水青山就是金山银山”理念和首创中国美丽乡村建设的安吉县考察，他在绿水青山的余村考察时感慨道，时间如梭，当年的情形历历在目，这次来看完全不一样了，美丽乡村建设在余村变成了现实。余村现在取得的成绩证明，绿色发展的路子是正确的，路子选对了就要坚持走下去。他在与村民的交谈中强调“绿水青山就是金山银山”理念已成为全党全社会的共识和行动，成为新发展理念的重要组成部分。实践证明经济发展不能以破坏生态为代价，生态本身就是经济，保护生态就是发展生产力，希望乡亲们坚定地走可持续发展之路。习近平总书记在听取浙江省委和省政府工作汇报之后，对践行“绿水青山就是金山银山”理念、深化“千万工程”和乡村振兴战略提出了新要求，他强调要以深入实施乡村振兴战略为抓手，深化“千村示范、万村整治”工程和美丽乡村、美丽城镇建设。要践行“绿水青山就是金山银山”发展理念，推进浙江生态文明建设迈上新台阶，把绿水青山建得更美，把金山银山做得更大，让绿色成为浙江发展最动人的色彩。历经 18 年接力推进，浙江“千万工程”和美丽乡村建设成绩斐然，已成为浙江一张闪亮的金名片，实证“绿水青山就是金山银山”理念的正确性和科学性，也成为展现新时代中国特色社会主义制度优越性的一个重要窗口。

习近平总书记是从农村基层成长起来的党和国家领导人，有深厚的“三农”情怀，在浙江工作期间，习近平同志作为省委一把手亲自抓“三农”改革发展，几乎跑遍了全省所有县（市、区），深入乡镇村庄、田间地头，了解“三农”实情，围绕农业强、农村美、农民富的目标，以实施“千村示范、万村整治”工程为主抓手，实施了一系列推动“三农”发展的工程项目和创新举措，在推进农业产业结构战略性调整，发展高效生态农业，统筹城乡基础设施建设和公共服务，推进扶贫开发、山海协作，推进农民转移就业和转产转业，发展农村文化教育，培育新型农民，推进农民基层社会治理现代化，发展新型农村合作经济组织，发展壮大农村集体经济，强化农村基层组织建设等方面都亲力亲为，提出了许多新理念、新思路、新政策，创造了许多新经验。总结概括起来，习近平同志在浙江的生动“三农”实践、丰硕的“三农”发展成果和系列“三农”工作重要讲话，为新时代中国“三农”发展、探索中国特色社会主义“三农”发展道路提供了极为重要的实践经验和理论基础。

本书以“千村示范、万村整治”工程实施和美丽乡村建设为主线，对习近平同志在浙江工作期间推动“三农”改革发展的创新实践进行了全面介绍，通过“千村示范、万村整治”工程开启美丽乡村新时代、走高效生态新型农业现代化道路、中国特色社会主义新农民培育之路、农民脱贫致富和共创共富道路的探索、新时代中国特色“三农”发展道路的探索等五章进行系统的解读和学理化分析，希望能够为广大读者提供一个了解和学习的窗口。

目　录

进一步推广浙江好的经验做法，因地制宜、精准施策，不搞“政绩工程”、“形象工程”，一件事情接着一件事情办，一年接着一年干，建设好生态宜居的美丽乡村，让广大农民在乡村振兴中有更多获得感、幸福感。

——习近平总书记对“千村示范、万村整治”工程作出重要指示，2018年4月23日。

第一章 “千村示范、万村整治”工程开启美丽乡村新时代

本章要点

1.浙江是美丽乡村的首创地，2003年习近平同志在浙江工作期间亲自调研、亲自部署、亲自推动了“千万工程”，开启了浙江美丽乡村建设的篇章。

2.“千万工程”是以农村人居环境大整治带动农村经济、政治、文化、社会、生态文明五位一体的建设工程。

3.“绿水青山就是金山银山”理念精髓在于“转化”，既要坚守生态环境底线，不以牺牲生态环境为代价实现发展，又要充分利用生态环境，把生态资本变成富民资本，让生态环境优势充分转化为经济发展优势。

自2003年开始，习近平同志任浙江省委书记期间亲自调研、亲自部署、亲自推动了一项农村人居环境建设大行动——“千村示范、万村整治”工程和美丽乡村建设。时至2018年，这项工程已持

续15年。2018年4月，习近平总书记批示指出：“浙江省15年间久久为功，扎实推进‘千村示范、万村整治’工程，造就了万千美丽乡村，取得了显著成效。”“一件事情接着一件事情办，一年接着一年干，建设好生态宜居的美丽乡村，让广大农民在乡村振兴中有更多获得感、幸福感。”2018年9月，浙江“千万工程”荣获联合国“地球卫士奖”，得到了世界广泛赞誉。习近平总书记亲自谋划实施的“千万工程”和建设生态宜居的美丽乡村开启了实施乡村振兴战略的新时代。从浙江的“千万工程”到生态宜居的美丽乡村建设，探索出了一条中国特色社会主义农村现代化建设道路。

第一节 “千村示范、万村整治”工程引领美丽乡村建设

“千万工程”顺应时代和人民群众发展要求，创新性地开展以农村人居环境整治为突破口的美丽乡村建设，引领了全国新农村建设实践，并以此推动城市公共服务和公共基础设施向农村延伸，促进浙江城乡统筹发展，这在我国城乡发展史上有着里程碑式的意义。

一、“千万工程”开启农村人居环境大整治

(一)“千万工程”实施背景

自改革开放至21世纪初，浙江经济经历了20多年的高速发展，已从一个资源小省一跃成为经济大省，经济社会发展和农民收入均在全国前列。从浙江省全面建设小康社会、提前基本实现现代化的要求来看，人民生活总体上已达到小康水平，但达到的还是低水平的、不全面的、发展很不平衡的小康，这种低水平、不全面、不平衡，主要反映在农村。农村环境脏乱差非常突出，农村道路、

水电等基础设施落后，农村教育、医疗、卫生、文化等公共事业发展滞后，与农民对美好生活的要求形成了强烈的反差。

习近平同志在2003年1月全省农村工作会议上的讲话中明确指出，“要全面建设小康社会，提前基本实现现代化，增加农民收入的任务最迫切，发展现代农业的任务最艰巨，改变农村面貌的任务最繁重”。习近平同志从农村人居环境脏乱差、农村基础设施和公共服务严重滞后的实际出发，亲自调研、亲自部署、亲自推动了“千村示范、万村整治”工程，并以此工程为龙头，深入推进新农村建设。2003年6月，习近平同志在全省“千村示范、万村整治”工作会议上的讲话中指出，“建设生态省，打造‘绿色浙江’，农村是重点，是难点，也是主战场”。减少农业污染，整治农村环境，改善农村生态，提高资源利用效率，促进人与自然的和谐，实现农村可持续发展，这既是生态省建设的重要内容，也是实施“千村示范、万村整治”工程的重要任务。我们要通过实施这一工程，力争把一批村庄建设成为生态经济发达、生态环境优美、生态家园和谐、生态文化繁荣，经济社会与资源环境相适应、人与自然和谐的农村新社区。随后，部署了今后五年实施“千村示范、万村整治”工程的目标任务，从全省近4万个村庄中选择1万个左右的行政村进行全面整治，把其中1000个左右的中心村建设成全面小康示范村。

从2003年到2006年期间，习近平同志每年亲自召开一次“千村示范、万村整治”现场会，亲自发表重要讲话，把“千万工程”作为一把手负责工程来抓，率先垂范，以此推动这项全省性人居环境整治工程。“千万工程”通过清垃圾、治污水、改厕所、整河道，农村环境脏乱差现象得到有效改观。到2007年，全省10303个建制村得到整治，其中1181个村建设成为“全面小康建设示范村”。与此同时，浙江省以“千万工程”为突破口，引导城市基础设施和公共服务向农村覆盖和延伸，在体制机制上也大大缩小了城乡差距，为浙江领先全国开展统筹城乡发展、加快城乡一体化建设、破除城乡二元结构创造了非常难得的先机，也开启了连续15年的浙江美丽乡村建设的宏伟新篇章。

(二)“千万工程”实施的特点

1.“千万工程”体现了习近平同志以人民为中心的治国理念。“千万工程”针对的是农村发展的短板，是农村任务最繁重的一项工作。我国城乡二元结构由来已久，长期以来村庄公共道路、公共卫生等建设由集体经济组织供给，国家财政收入总量少，即便城市建设也是捉襟见肘，因此公共财政的阳光没有照到农村。党的十六大正式提出了我国进入以工促农、以城带乡的发展阶段，当时的浙江已经具备了以工促农、以城带乡和工业反哺农业、城市带动农村的经济社会条件。一般而言，我国农村过去也没有与现代社会相应的公共环境卫生等制度，农村污水靠蒸发、垃圾靠风吹是常态。农村环境脏乱差，实际上也是乡村公共服务缺失的一大表现。在2004年“千万工程”的现场会上，习近平同志强调“千万工程”是统筹城乡的“龙头工程”，是全面小康的“基础工程”，是优美环境的“生态工程”，是造福农民的“民心工程”。通过政府主导推动农村的一系列改水、改路、改房、改厕、改厨等工程，使农村的生产生活条件得到根本改善，农民生活质量得到大幅度提高，顺应了广大群众对美好生活的要求。因此，“千万工程”实质上是从人民共同利益出发而实施的一项民生大工程。

2.“千万工程”开启农村人居环境大整治。这项工程是在浙江省工业化、城市化加速推进，人均GDP超过2000美元的时代背景下，着眼于缩小城乡差距、改变农村环境脏乱差和基础设施、社会事业发展滞后状况而实施的。这项工程营造了统筹城乡发展的良好氛围，有效促进了城市基础设施向农村延伸，城市公共服务向农村覆盖，城市现代文明向农村辐射，初步形成了以工促农、以城带乡的机制，对统筹城乡发展起到了龙头带动作用，是以农村人居环境大整治带动农村经济、政治、文化、社会、生态文明五位一体的建设工程。

3.“千万工程”展现了美丽乡村转化为美丽经济的重要路径。“千万工程”开启了美丽乡村建设新征程。2005 年，习近平同志在安吉农村考察时提出了“绿水青山就是金山银山”的重要论断。在 2006 年浙江省“千万工程”现场会上，习近平同志特别强调“千万工程”实施的两个结合：“千万工程”实施要把整治村庄与经营村庄结合起来，把改善村落村貌与发展生产、富裕农民结合起来，把村庄整治过程变成开发利用乡村特色优势资源，发展特色产业的过程，让更多的村庄成为充满生机活力和特色魅力的富丽乡村。这一富有远见的倡导是浙江美丽乡村转化为美丽经济的重要指导思想。2015 年 5 月，习近平总书记在浙江考察时指出，美丽中国要靠美丽乡村打基础，浙江建设美丽乡村有自然禀赋，也有当年开展“千村示范、万村整治”工程的前瞻性。在浙江舟山考察新建社区美丽乡村建设时，习近平总书记说：“我在浙江工作时说‘绿水青山就是金山银山’，这话是大实话，现在越来越多的人理解了这个观点，这就是科学发展、可持续发展，我们就要奔着这个做。”

4.“千万工程”体现了城乡联动、城乡互促共进的城乡一体发展的新城乡互动机制。2004 年，浙江城镇化率约为 54%，正处于城镇化加速发展的时期。“千万工程”的实施体现了新农村建设与城镇化双轮驱动的特点。多年以后，浙江特色小镇建设蓬勃兴起，与美丽乡村建设相得益彰，也正反映出城乡联动发展、互促共进的良好机制。正是“千万工程”开启了浙江新型城市化和新农村建设互促共进的城乡发展一体化的实践新探索和新征程。

5.“千万工程”体现了科学的推进机制。在实施“千万工程”过程中，遵循着典型引路、以点带面的推进路径。在推进过程中，坚持把硬件建设与软件建设结合起来，把村庄整治与农村新社区建设结合起来，用城市社区建设的理念启发农村新社区的建设，努力把示范村建设成为经济繁荣、环境优美、政治民主、社会文明、生活富裕、服务配套的社会主义农村新社区。坚持正确处理经济发展与村庄建设的关系，树立经营村庄的新理念，把发展特色农业、特色工业、特色观光休闲业与建设特色村庄结合起来，把农村特色经济、绿色产业发展提高到一个新水平。坚持正确处理保护历史文化与村庄建设的关系，对有价值的古村落、古民居和山水风光进行保护、整治和科学合理的开发利用，切实保护好名人故居、古代建筑和历史文化遗迹，做到传承历史文化与融入现代文明的有机统一。坚持党政“一把手”亲自抓，分管领导具体抓，一级抓一级，层层抓落实。凡是“千村示范、万村整治”工程中的重大问题，特别是制定村镇规划、确定财政预算、研究重大政策时，党政“一把手”都要亲自过问，集思广益，科学决策。

二、实施美丽乡村建设行动计划

2008 年以来，浙江自上而下继续全面实施“八八战略”，进一步深化推进“千万工程”。2008—2012 年，时任浙江省委书记赵洪祝延续了习近平同志每年召开“千万工程”现场会的做法，每年在全省“千万工程”现场会上讲话。2010 年 8 月在安吉召开的“千万工程”现场会上首次提出了美丽乡村建设，中共浙江省委办公厅、浙江省人民政府办公厅在2010年12月印发《浙江省美丽乡村建设行动计划（2011—2015年）》通知，提出了“四美三宜两园”的目标要求，从而使美丽乡村建设成为“千万工程”的新目标。可以说，美丽乡村建设既是“千万工程”的延续，又是升级发展了“千万工程”，可以看成是“千万工程”的2.0版。

（一）实施生态人居建设行动

浙江省美丽乡村建设行动计划对实施生态人居建设进行了积极部署，指出按照“规划科学布局美”的要求，推进中心村培育、农村土地综合整治和农村住房改造建设，改善农民居住条件，构建舒适的农村生态人居体系。一是推进农村人口集聚。大力培育建设中心村，以优化村庄和农村人口布局为导向，修编完善以中心村为重点的村庄建设规划，通过村庄整理、经济补偿、异地搬迁等途径，推动自然村落整合和农居点缩减，引导农村人口集中居住。开展农村土地综合整治，全面整治农村闲置住宅、废弃住宅、私搭乱建住宅。实施“农村建设节地”工程，鼓励建设多层公寓住宅，推行建设联立式住宅，控制建设独立式住宅。二是推进生态家园建设。全面开展“强塘固房”工程建设，推进农村屋顶山塘和饮用水源山塘综合整治、水库除险加固、易灾地区生态环境综合治理。进一步健全基层防汛防台体系。推进农村危旧房改造，提高农村人居安全和防灾减灾能力，同时注重农村建筑与乡土文化、自然生态相协调。三是完善基础设施配套。深入实施农村联网公路、农民饮水安全、农村电气化等工程建设，促进城乡公共资源均等化，健全农村文化、体育、卫生、培训、托老、通信等公共服务。

(二)实施生态环境提升行动

生态环境提升行动按照“村容整洁环境美”的要求,突出重点、连线成片、健全机制,切实抓好改路、改水、改厕、垃圾处理、污水治理、村庄绿化等项目建设,扩大“千万工程”的建设面,提升建设水平,构建优美的农村生态环境体系。一是完善农村环保设施。推进“千万工程”扩面提升,按照“先规划、后建设,先地下、后地上”的原则,建设垃圾处理、污水治理、卫生改厕等环保设施项目。二是推广农村节能节材技术。深入实施污水净化沼气工程,畜禽养殖场(户)沼气利用技术普遍应用,努力推进农村沼气集中供气。推动“建筑节能推进”工程在农村的实施,农村路灯太阳能供电、太阳能热水器等太阳能综合利用进村入户。引导农村新建住宅采用节能、节水新技术、新工艺,支持农户使用新型墙体建材和环保装修材料。三是推进农村环境连线成片综合整治。按照“多村统一规划、联合整治,城乡联动、区域一体化建设”的要求,结合中央“农村环境连片整治项目”的实施,编制农村区域性路网、管网、林网、河网、垃圾处理网、污水治理网一体化建设规划,开展沿路、沿河、沿线、沿景区的环境综合整治,深入开展万里清水河道建设,成片连村推进农村河道水环境综合治理,使农村环境明显优化,开展生态村创建工作。四是开展村庄绿化美化。深入实施“兴林富民示范工程”,以增加绿量为重点,大力发展乔木和乡土、珍贵树种,形成道路河道乔木林、房前屋后果木林、公园绿地休憩林、村庄周围护村林的村庄绿化格局,建设一批有特色的森林村庄。五是建立农村卫生长效管护制度。加强村庄卫生保洁、设施维护和绿化养护等工作,落实相应人员、制度、职责、经费,探索建立政府补助、以村集体和群众为主的筹资机制,确保垃圾、污水等处理设施正常运行。扩大垃圾分类试点。探索建设村综合保洁站,拓宽保洁范围。

(三)实施生态经济推进行动

生态经济推进行动按照“创业增收生活美”的要求,编制农村产业发展规划,推进产业集聚升级,发展新兴产业,促进农民创业就业,构建高效的农村生态产业体系。一是发展乡村生态农业。深入推进现代农业园区、粮食生产功能区建设,发展农业规模化、标准化和产业化经营,推广种养结合等新型农作制度,大力发展生态循环农业,扩大无公害农产品、绿色食品、有机食品和森林食品生产。大力推广应用商品有机肥,实施“农药减量控害增效”工程,促进农业清洁化生产。二是发展乡村生态旅游业。利用农村森林景观、田园风光、山水资源和乡村文化,发展各具特色的乡村休闲旅游业,加快形成以重点景区为龙头、骨干景点为支撑、“农家乐”休闲旅游业为基础的乡村休闲旅游业发展格局。实施“农家乐加快发展与规范提升”工程,强化“农家乐”污染整治,“农家乐”集中村实行村域统一处理生活污水,推广油烟净化处理等设备,促进“农家乐”休闲旅游业可持续发展。三是发展乡村低耗、低排放工业。按照生态功能区规划的要求,严格产业准入门槛,严禁“二高一资”(高污染、高耗能、资源性)产业到水源保护区、江河源头地区及水库库区入户。深入实施“百家升级工程”,推动乡村企业到乡村工业功能区集聚,严格执行污染物排放标准,集中治理污染。推动“技术创新推进工程”和“落后产能淘汰推进工程”在农村的实施,推行“循环、减降、再利用”等绿色技术,调整乡村工业产业结构。鼓励有条件的村建设标准厂房、民工公寓,发展农民技能培训服务中心、来料加工服务点和村级物业等,不断壮大村域经济实力。

（四）实施生态文化培育行动

生态文化培育行动按照“乡风文明身心美”的要求，以提高农民群众生态文明素养、形成农村生态文明新风尚为目标，加强生态文明知识普及教育，积极引导村民追求科学、健康、文明、低碳的生产生活和行为方式，增强村民的可持续发展观念，构建和谐的农村生态文化体系。一是培育特色文化村。编制农村特色文化村落保护规划，制定保护政策。在充分发掘和保护古村落、古民居、古建筑、古树名木和民俗文化等历史文化遗迹遗存的基础上，优化美化村庄人居环境，把历史文化底蕴深厚的传统村落培育成传统文明和现代文明有机结合的特色文化村。特别要挖掘传统农耕文化、山水文化、人居文化中丰富的生态思想，把特色文化村打造成为弘扬农村生态文化的重要基地。二是开展宣传教育。深入开展文明村镇创建活动，把提高农民群众生态文明素养作为重要创建内容。深化开展“双万结对、共建文明”活动和农村“种文化”活动，开辟生态文明橱窗等生态文化阵地，运用村级文化教育场所，开展形式多样的生态文明知识宣传、培训活动，形成农村生态文明新风尚。三是转变生活方式。结合农村乡风文明评议，开展群众性生态文明创建活动，引导农民生态消费、理性消费。倡导生态殡葬文化，全面推行生态葬法。四是促进乡村社会和谐。全面推行“村务监督委员会”制度，进一步深化“网格化管理、组团式服务”工作，积极推行以村党组织为核心和民主选举法制化、民主决策程序化、民主管理规范化、民主监督制度化为内容的农村“四化一核心”工作机制，合理调节农村利益关系，有序引导农民合理诉求，有效化解农村矛盾纠纷，维护农村社会和谐稳定。

美丽乡村建设行动五年计划将美丽乡村建设作为“千万工程”

的升级版，以“四美三宜两园”为核心内容，明确从内涵上推进“四美”（科学规划布局美、村容整洁环境美、创业增收生活美、乡风文明身心美）、“三宜”（宜居、宜业、宜游）和“两园”（农民幸福生活的家园、城市居民休闲旅游的乐园），整个浙江农村面貌在“千万工程”的基础上进一步发生了质的变化。浙江各地纷纷开展颇具地方特色的美丽乡村示范县创建和品牌建设等实践探索，创建了一批如安吉县的“美丽乡村”、桐庐县的“潇洒桐庐”、江山市的“幸福乡村”等品牌美丽乡村示范县。

第二节 努力打造美丽乡村升级版

2013—2016 年，时任浙江省委书记夏宝龙继承延续了习近平同志每年召开“千万工程”现场会的做法，并且每年在全省“千万工程”现场会上讲话，持续推进“千万工程”的深入开展与美丽乡村建设的升级。2016 年 11 月，为响应生态文明建设和建设美丽中国新要求，加快推进浙江“两富”“两美”建设，进一步深化美丽乡村建设，着力打造美丽乡村升级版，浙江省委、省政府印发《浙江省深化美丽乡村建设行动计划（2016—2020 年）》，对未来五年浙江省美丽乡村建设提出了新的规划。这可以看成是“千万工程”的 3.0 版。这一计划对深化美丽乡村建设提出了具体要求和工作举措，为浙江省美丽乡村升级版的建设以及推动农村经济发展提供了指导。

一、全面提升美丽乡村建设水平

（一）推动美丽乡村建设从“一处美”向“一片美”转型

加快美丽乡村建设的规划设计。浙江注重结合新一轮省域城镇体系规划和县（市）域总体规划修编，优化城镇空间布局和功能等级。制定完善美丽乡村建设标准，分类推进规划建设。顺应自然、尊重历史、突出乡土、体现文化，优化农村住房建设布局，形成错落有致、富有韵味的浙派民居新格局。强化推进美丽乡村连线成片。按照“村点出彩、沿线美丽、面上洁净”的总体要求，以沿景区、沿产业带、沿山水线、沿人文古迹等为区域重点，以绿化彩化、干净整洁、立面改造、品质塑造等为建设重点，深入开展“四边三化”行动和“两路两侧”环境综合整治，把庭院建成精致小品，把村庄建成特色景点，把沿线建成风景长廊。要求每个县（市、区）在“十三五”期间要打造3条以上美丽乡村风景线。推动开展美丽乡村示范创建。在开展美丽乡村建设系列示范创建活动的基础上，全省每年创建6个美丽乡村示范县（市、区），每年培育100个美丽乡村示范乡镇和300个特色精品村。

（二）推动美丽乡村建设从“一时美”向“持久美”转型

一是持续抓农村生活污水治理。按照村点覆盖全面、群众受益广泛、设施运行常态、治污效果良好的要求，持续抓好农村生活污水治理工程建设，做到农村生活污水应纳尽纳、应集尽集、应治尽治、达标排放。二是普及农村生活垃圾分类处理。完善农村生活垃圾户分、村收、有效处理的运行模式，根据平原地区、丘陵山区、海岛渔区、城镇郊区等不同地区的实际，因村制宜，把垃圾收集处理体系落到实处。三是打造生态田园人居环境。以“无违建乡村”创建为载体，深入推进农村“三改一拆”、平原绿化、“清三河”、地质灾害防治，按照宜耕则耕、宜建则建、宜绿则绿、宜通则通原则，积极开展村庄生态化有机更新和改造提升，形成整齐有序、绿意盎然、河水清澈的村庄新气象。四是建立健全长效管护机制。全面建立农村生活污水治理设施运维管理机制，按照设施运行常态化、配套管理长效化的要求，探索建立城乡一体的基础设施管护机制，提高管理服务水平。

(三)推动美丽乡村建设从“外在美”向“内在美”转型

一是保护好历史文化村落。围绕保护建筑、保持肌理、保存风貌、保全文化、保有生活的要求，大力保护有传统历史、时代印记、文化标志、人文故事的乡土建筑。妥善处理好古村落保护、村民生产生活和开发建设的关系，避免无序建设和过度开发。加强对全省历史文化村落的管理，提升保护利用水平。二是培育好特色精品村。按照生产空间集约高效、生活空间宜居适度、生态空间山清水秀的要求，突出“一村一品”“一村一景”“一村一韵”的建设主题，从自然、人文、产业、建筑、风俗、饮食、特产等方面，多角度、全方位地发掘村庄的个性和特色，不断显现产业、文化、旅游、社区相互叠加的功能。三是建设好浙派民居。按照彰显特色、传承文化、经济适用、美观安全、符合民意的要求，选择1000个左右的中心村、特色精品村，实施千村浙派民居改造工程，通过推进农村建筑市场产业化、工业化，改变千村一面、千户一面、千房一面的现象。四是传承好传统文化。坚持乡村物质遗产与非物质遗产保护并重，传承一批具有浙江味道和地域特色的活态文化。开展“千村故事”编撰工作，全面挖掘、整理和记载历史文化村落里的生态人居、经济社会、制度习俗、传统工艺、人物传记等文化遗存，记载和传承浙江乡村故事。开展“千村档案”建立工作，建设好村级规范化档案室。加快建设覆盖全省的公共文化设施服务网络，把农村文化礼堂作为传承传统文化的重要场所。

(四)推动美丽乡村建设从“环境美”向“发展美”转型

一是大力发展新型业态。立足资源禀赋、生态条件和产业基础，适应新型业态萌发、三次产业融合、资源要素聚合的新态势，着力打造农业“两区”升级版、农家乐休闲旅游业和农村电子商务升级版，以农业“两区”为主平台，全面推进农业领域的“机器换人”“电商换市”，着力提升农业竞争力和生产经营效益。二是积极培育农村创新创业队伍。深入实施“千万农民素质提升工程”，加强农民大学、农民学院和农民学校培训体系建设。引导大中专毕业生、返乡农民工、退伍军人、“大学生村官”等在农村创业。制定农村实用人才和职业农民管理办法，加大对农业乡土专家的培养力度，让农民合作经济组织联合会和有条件的农民合作社成为农村创业的新型主体和全民创业的有效载体。三是注重开展村庄经营。积极探索富民强村的新路子，把发展美丽经济与壮大村集体经济有机结合起来，健全集体资产经营管理体制。以土地、资产入股等形式发展美丽经济或配套产业，通过经营村庄，做大做强村集体经济，努力增加农民收入。四是积极推进扶贫开发。深入实施低收入农户收入倍增计划，大力推进精准扶贫、精准脱贫，创新扶贫工作机制，通过产业开发、培训就业、金融支持、异地搬迁、医疗救助、低保兜底、生态补偿等措施，因人因地落实各项扶贫政策，加快低收入农户持续快速增收。

（五）推动美丽乡村建设从“风景美”向“风尚美”转型

一是加强依法治理。深化民主法制村创建，提高依法治理水平。健全农村公共法律服务体系，引导和支持农民运用法律手段、合法途径表达诉求，依法维护自身合法权益。认真落实村组织职责和村务决策管理程序，按照“村级版”权力清单制度的规定，对涉及财务收支、美丽乡村创建、工程建设等村重大事务，要及时向村民公开，接受村民监督。二是加强村民自治。完善村党组织领导的村民自治机制，发展农村基层民主，支持和保障村民开展自治活动，扩大民主恳谈、民情沟通、民主听证等民意表达方式，扩大村民知情权、参与权和监督权，充分发挥民智、民力在美丽乡村建设中的作用。三是加强道德教化。坚持“物的美丽”与“人的美丽”并重，充分发挥社会主义核心价值观的引领作用，着力培育新型农民。树立文明乡风，发挥道德教化作用，用嘉言懿行垂范乡里、教化乡民、涵育乡风，让浙江农村处处可见好乡风、好家风。加快发展农村公共文化，组织乡村运动会等赛事活动，丰富群众精神生活。

（六）推动美丽乡村从“形态美”向“制度美”转型

一是深化农村产权制度改革。深化“三权到人（户）、权随人（户）走”改革，全面完成农村“三权”确权登记颁证工作，依法赋予抵押、担保、流转、转让等权能。建立健全农村产权流转交易市场体系，建成县、乡、村三级联通一体的农村产权交易平台，支持引导进城落户农民依法有偿退出或转让“三权”。二是推进户籍制度改革。促进有能力在城镇稳定就业和生活的农业转移人口在城镇落户，提高户籍人口城镇化率。完善居住证制度，逐步实现基本公共服务对常住人口的全覆盖，推进形成城乡基本公共服务均等化的体制机制、城乡劳动者平等就业制度。三是构建“三位一体”农民合作经济组织体系。深入推进供销合作社综合改革，组建省、市、县、乡四级农民合作经济组织联合会，密切与农民的利益联结，提升基层组织经营服务能力。

二、“新千万工程”与“大花园”建设

2017 年 6 月，中国共产党浙江省第十四次党代会召开。这次大会的主题是：紧密团结在以习近平同志为核心的党中央周围，坚

定不移沿着“八八战略”指引的路子走下去，秉持浙江精神，干在实处、走在前列、勇立潮头，高水平谱写实现“两个一百年”奋斗目标的浙江篇章。站在“两个一百年”奋斗目标交汇的关键节点上，浙江省确定了今后五年的奋斗目标：确保到2020年高水平全面建成小康社会，并在此基础上，高水平推进社会主义现代化建设，以“两个高水平”的优异成绩，谱写实现“两个一百年”奋斗目标在浙江的崭新篇章。时任浙江省委书记车俊在大会报告中提出大力建设具有诗画江南韵味的美丽城乡、建设大花园的目标，并把推进万村景区化建设作为全域景区化的重要抓手。2018年1月，车俊同志在《人民日报》发表署名文章《抢抓乡村振兴战略机遇　谱写新时代“三农”工作新篇章》，提出实施创建千个乡村振兴精品村、万个美丽乡村景区村的“新千万工程”，实现全域景区化。2018年4月，浙江省委、省政府发布《全面实施乡村振兴战略高水平推进农业农村现代化行动计划(2018—2022年)》，进一步强调提出建设10000个A级景区村和1000个精品村的战略任务，这可以视为新时代背景下“千万工程”的升级版。

(一)“新千万工程”是“千村示范、万村整治”工程的延续和升级

按照浙江省委、省政府在2017年6月省第十四次党代会作出推进万村景区化建设的决策部署，到2022年浙江省10000个村达到“宜居、宜业、宜游”的美丽乡村的高标准，其中1000个村建设成为美丽乡村农文旅综合体，这就是“新千万工程”的目标。

“新千万工程”延续了早年浙江省委、省政府实施“千村示范、万村整治”工程的战略初衷，彰显了在生态文明的新时代和城乡融合发展的新时期，以及建设美丽中国新背景下的美丽乡村建设的新内涵和时代特征。根据把省域建成大景区的理念目标和谋划实

施“大花园”建设行动纲要，“新千万工程”强调美丽乡村从“宜居、宜业”到“宜游”的升华，着力建设以共创共享的共富乡村、生态农韵的宜居乡村、文化为魂的人文乡村、文明健康的乐活乡村和民主法治的善治乡村为内涵的美丽乡村升级版，从而成为推动浙江农村高水平建成全面小康社会和高水平推进农业农村现代化的战略工程。

（二）“新千万工程”是经营美丽乡村、发展美丽经济、培育农民增收新增长点的重要抓手

“新千万工程”顺应了全民旅游休闲时代到来和全域旅游兴起的新趋势，把绿水青山的美丽乡村作为全域旅游的重点区域，是把乡村旅游为主要特色的美丽经济培育成为浙江农村增收的新产业和新热点的一项创新工程，是实现从建设美丽乡村向经营美丽乡村和共享美丽乡村的一次新的转型，也是把15年“千万工程”和美丽乡村建设的成果转化为发展美丽经济、开辟农民增收新路径的一次新探索。“新千万工程”不仅能有效地提升浙江美丽乡村建设的品质和颜值，更重要的是可以有效地促进农业供给侧结构性改革、休闲农业等农业新业态的成长。让村落的自然风光、农户的住宅民居、农业的农事体验、农村的乡愁记忆、农家的美丽菜肴成为吸引城里人的旅游产品，让乡村旅游为主导的美丽经济成为拓展农民创业就业空间与农民增加财产性收入和劳务收入的主要来源，并带动城市的资本、人才、科技、信息等先进要素与美丽乡村的自然资源和人力资源实现紧密结合，拉动城乡互联互通的消费和投资。

（三）“新千万工程”是推进美丽乡村升级版的新标志性工程

当前，浙江省美丽乡村建设已进入从提升美丽乡村建设水平

到提升美丽乡村经营水平和美丽乡村共享水平转变的新阶段和构建城乡共建、共营、共享美丽乡村新机制的新时期。“新千万工程”以村落景区化建设为抓手，按照高标准、高颜值、高气质、高品位、高普惠“五高”目标要求和建设具有诗画江南韵味的“美丽城乡”的目标定位，打造浙江美丽乡村建设的升级版，更好地促进浙江的“美丽乡村”实现从一处美到一片美，从一时美到持久美，从外在美到内在美，从环境美到发展美，从风景美到风尚美的转型升级，为全国的美丽乡村建设提供高水平的浙江样板。

第三节　浙江美丽乡村建设的突出成效与成功经验

浙江省是美丽乡村的首创地。2003 年，时任浙江省委书记习近平亲自调研、亲自部署、亲自推动了“千村示范、万村整治”工程，开启了浙江美丽乡村建设的宏伟新篇章。十多年来，连续几任浙江省委书记以一张蓝图绘到底、一任接着一任干的精神，坚持“绿水青山就是金山银山”的理念，奋力开拓，不断丰富建设内涵，推动“千万工程”内涵持续升级，不断提升美丽乡村建设整体水平。浙江已成为宜居、宜业、宜游的美丽乡村建设的标杆省。

一、浙江美丽乡村建设的突出成效

浙江以打造美丽乡村升级版为目标，完善农民主体、政府主导、社会参与、市场运作、规划引领的建设机制，在宜居乡村、共富乡村、人文乡村、乐活乡村、善治乡村为内涵特色的美丽乡村升级版的建设上取得了显著成效。

（一）大力提升农村人居环境，建设生态农韵的宜居乡村

浙江把改善农村生态环境和人居环境作为打造美丽乡村升级

版的突破口和主攻点。一是以“五水共治”“四边三化”“三改一拆”为抓手,大力改善农村生态环境。全面推行“河长制”,完成“清三河”治理任务。大力开展农村生活污水治理,2014年以来各级投入300多亿元,500万户农户生活污水实现截污纳管,2.1万个村完成治理,全省村庄覆盖率、农户受益率分别为90%、74%。全面推行农村生活垃圾集中收集处理,建制村覆盖率达到100%。大力推行生活垃圾减量化、资源化、无害化分类处理,推动垃圾“扔进桶”向“分好类”转变。二是大力开展美丽乡村示范县、示范乡镇、特色精品村创建和美丽乡村风景线打造。实行全域规划、全域提升、全域建设、全域管理,推进美丽庭院、精品村、风景线、示范县四级联创,初步形成了“一户一处景、一村一幅画、一线一风景、一县一品牌”的大美格局。创建美丽庭院43万户,培育特色精品村2000多个,打造美丽乡村风景线300多条,已培育美丽乡村先进县58个、示范县6个、示范乡镇100个、特色精品村300个。美丽宜居示范村国家级试点和全国美丽宜居示范村庄总量居全国首位。三是坚持科学规划引领。修订完善县市美丽乡村建设规划和精品村、风景线规划,统筹农业产业规划、农业园区规划与村庄布局规划,加强空间布局规划、土地利用规划、基础设施建设规划之间的衔接。

(二)大力发展美丽经济,建设共创共享的共富乡村

以“绿水青山就是金山银山”理念为指引,从建设美丽乡村向经营美丽乡村转变,大力推进“美丽成果”向“美丽经济”转化,把美丽转化为生产力,增强美丽乡村建设的持久动力。一是依托美丽乡村,推进农业一二三产融合,拓展农业新功能,积极发展农村新兴美丽产业。因地制宜推进休闲观光农业、创意农业、养生农业等农业新业态;农家乐、民宿等乡村休闲旅游业蓬勃发展,到2016年全省农家乐特色村(点)3484个,从业人员16.6万人,年营业收入291亿元。二是依托互联网大省的优势,推动互联网与农业农村的深度渗透融合的新经济业态,农村电子商务迅猛发展。2015年,全省农产品网上销售额304亿元,建成淘宝村506个、村级电商服务站1.1万个,农村电商走在全国最前列。三是依托美丽乡村资源优势,科学推进农村集体“三资”经营管理,探索资产经营、资源开发、服务创收等多途径促进集体经济增收,集体经济不断壮大,2015年全省村级集体经济收入362亿元,村均收入123万元。

(三)弘扬农村文明乡风,建设文化为魂的人文乡村

美丽人文是美丽乡村建设的灵魂所在。一是推进乡村文化建设。从2013年起,农村文化礼堂的建设工作连续被纳入浙江省政府为民办实事项目,礼堂活动内容越来越丰富,滋养了一批“最美”典型,弘扬了农村“好家风”,文化礼堂已经成为村民的“精神家园”。目前已建成农村文化礼堂6424个。浙江省成为文化部全国基层综合性文化服务中心建设工作试点省。二是持续推进历史文化村落保护。2012年起,浙江省全面开展历史文化村落保护利用工作,先后启动172个历史文化村落重点村和868个历史文化村落一般村的保护利用工作,修复古建筑3000余幢、古道212公里。并在全国率先实施“《千村故事》‘五个一’行动计划”,弘扬具有浙江时代印记和地域特色的文化遗产。1237个历史文化村落逐步成为浙江美丽乡村建设的文化窗口。三是培育淳朴文明乡风。深入实施优秀文化传承行动等“六大行动”,将核心价值观融入道路、公园、河岸的建设之中,让农民在赏心悦目中受到教育。开展乡风评议和新乡贤活动,运用村规民约、家规家训、牌匾楹联等,提升农民的价值取向和道德观念。

（四）推进城乡综合配套改革，建设城乡融合的乐活乡村

持续全面推进城乡综合配套改革，以改革来激发美丽乡村建设的活力。一是深入推进“新土改”。以产权制度为核心的农村改革，通过确权、赋权、活权、保权，将农村死产变活权、活权变活钱，切实助推农民收入增加、改变生产生活。二是积极开展“新金改”。在农村产权全面确权的基础上，通过推动金融下乡、发展普惠金融等途径，为农民致富、农村发展提供强有力的信贷保障和高水平的金融服务。三是持续深化“新户改”。2015 年底，浙江省政府出台《关于进一步推进户籍制度改革的实施意见》，全面放开县（市）落户限制，建立了城乡统一的户口登记制度，逐步消除了依附于户口上的城乡差别待遇，加快了农业转移人口市民化的进程。四是扎实推进“新社保”，提升城乡基本公共服务均等化水平。2014 年，浙江省 11 个设区市都已制定出台全市统一的城乡居民基本医疗保险制度，率先在全国完成城乡居民医保职能、制度、经办并轨。2015 年，浙江省在城乡居民医保并轨的基础上，率先实现大病保险制度全省全覆盖。加大社会救助兜底力度，2016 年城、乡低保平均标准分别为每人每月 678 元和 631 元。

（五）推进平安社区和基层党建，建设服务臻美的善治乡村

坚持以基层党建促美丽乡村建设，以乡村治理促平安社区建设，全力构建法治、德治、自治“三治一体”新型农村社会治理模式，努力打造社会活力最强、社会秩序最优、社会风气最正、社会服务最美、社会治理最善、干群关系最好的善治乡村。一是扎实推进党的基层组织建设。全省各地高标准落实农村基层党建“浙江二十条”。各级基层党组织坚持以民为本，将民众关心的、政府重点抓的工作写入村规民约，培育良好的乡风民风。二是进一步探索完

善法治、德治、自治“三治一体”的基层社会治理现代化体系。坚持以法治为纲，不断提高依法治乡、依法治村水平。以德治为基，不断激发群众道德自觉，大力推进公民道德建设，把公民道德建设融入经济社会发展各个领域，真正实现美丽乡村美在心灵。以自治为要，突出发挥村规民约的自治作用，把重大决策、规划蓝图交给群众民主决策。三是以网格化管理促平安社区建设，构建全民共建共享的社会治理格局。完善“一张网”的基层社会治理网络体系，深化平安建设信息系统与“网格化管理、组团式服务”两网融合。

二、浙江美丽乡村建设的成功经验

一是坚持美丽乡村建设与生态文明建设互促共进。把“绿水青山就是金山银山”理念贯穿于美丽乡村建设的始终，充分发挥浙江农村山水资源丰富的自然禀赋的优势，实现生态省建设与美丽乡村建设的紧密结合，形成生态环境建设与美丽乡村建设互促共进的机制，形成既有现代文明又有田园风光的美丽乡村的新境界。

二是坚持美丽乡村建设与文化建设互促共进。把文化为魂的理念贯穿到美丽乡村建设的始终，既注重传承和弘扬传统农耕文化和优秀的民俗文化，又注重推进社会主义先进文化建设，以农村精神文明建设来提升美丽乡村的内涵美。在美丽村居建设、美丽农业发展、美丽经济发展和新型农民培育中注入文化基因要素，形成文化建设与美丽乡村建设互促共进、相得益彰的新格局。

三是坚持美丽乡村建设与美丽经济互促共进。把经营美丽乡村的理念贯穿到美丽乡村建设与发展中去，努力把美丽转化为富民强村的生产力，增强农民建设美丽乡村的内在动力和活力。顺应城乡融合发展、一二三产融合和产村融合的新趋势，积极探索农业供给侧结构性改革与美丽乡村建设紧密结合，发展美丽农业，催生民宿、农家乐、休闲农业等乡村旅游业发展和健康养生养老产业的发展，形成美丽乡村与美丽经济互促共进的新机制。

四是坚持美丽乡村建设与新型城镇化互促共进。把统筹城乡兴“三农”的理念贯穿到美丽乡村的建设中，推进城市基础设施建设向美丽乡村延伸，城市基本公共服务向美丽乡村覆盖，城市现代文明向美丽乡村辐射，全面提升城乡发展一体化水平。并通过县、镇、村三级美丽联动创建，形成打造美丽县城、美丽小镇、美丽乡村城乡一体的美丽建设的新体系。顺应新一轮城市“上山下乡”的兴起，积极引导城市的消费、投资、创业转向美丽乡村，开创城乡互联互通、互促共进的美丽城乡建设的新局面。

五是坚持美丽乡村建设与社会建设互促共进。坚持经济建设与社会建设协调推进的理念，把和谐社会建设的理念贯穿到美丽乡村建设中去。把提升农村基本公共服务的水平、推进农村社会和谐与公平正义、加强扶贫济困作为美丽乡村建设不可或缺的重要内容，把实现社会和美、乡风醇美作为美丽乡村建设的重要标志，充分发挥新乡贤的作用，培育美丽乡村共建共治共享新机制，扭转农村社会建设长期滞后于经济建设的状况，形成农村社会建设与美丽乡村建设互促共进的新氛围。

六是坚持美丽乡村建设与农村改革互促共进。把改革创新促发展的理念贯穿到美丽乡村建设中，致力于以深化改革来增强美丽乡村建设的新动能，通过整体推进城乡综合配套的产权制度改革、土地制度改革、户籍制度改革、公共服务制度改革和农村金融体制改革等系列改革，充分发挥市场在美丽乡村建设要素配置上的决定性作用，形成城乡资源要素投向美丽乡村建设的新机制，不断增强美丽乡村建设的新动能。

七是坚持美丽乡村建设与美丽党建互促共进。把以党建促发展的理念贯穿到美丽乡村建设中，充分发挥基层党组织在美丽乡村建设中的战斗堡垒作用和党员的先锋模范作用。同时把美丽乡村建设作为衡量检验和锻炼提升党组织建设成效和党的战斗力的重要工程，增强村民对党组织的凝聚力、向心力，形成美丽乡村建设和基层党组织建设互促共进的新景象。

八是坚持美丽乡村建设政府投入与社会投入互促共进机制。把政府主导、农民主体、社会参与的全社会共建的理念贯穿到美丽乡村建设中。充分发挥政府财政投资在美丽乡村建设中的主导和引领作用，不断激发农民群众、农村集体在美丽乡村建设中的主人翁意识和建设主体作用的发挥，实现从“要我建设美丽乡村”到“我要建设美丽乡村”的转变。同时以“美丽乡村既是农民生产生活的美好家园，又是城里人养生养老的幸福乐园”的新定位，来吸引市民参与美丽乡村建设，形成全社会共建共享美丽乡村的新机制。

三、浙江经验引领全国美丽乡村建设

（一）中央充分肯定和大力推广浙江“千万工程”经验

浙江省从2003年开始持续不断推进“千万工程”，持续17年不断深化“千万工程”和美丽乡村建设，使人居环境和社会风貌发生了历史性变化。昔日脏乱差的农村变成了生态宜居的美丽乡村，浙江的经验和做法得到了全国兄弟省份的认可，得到了中央的充分肯定，也得到了联合国的赞誉。习近平总书记在2018年作出重要批示：“浙江‘千村示范、万村整治’工程起步早、方向准、成效好，不仅对全国有示范作用，在国际上也得到认可。要深入总结经验，指导督促各地朝着既定目标，持续发力，久久为功，不断谱写美丽中国建设的新篇章。”

2018 年 12 月，中央在北京召开“深入学习浙江‘千万工程’经验全面扎实推进农村人居环境整治”会议。中央政治局委员、国务院副总理胡春华出席会议并讲话。他强调，改善农村人居环境是实施乡村振兴战略的重点任务，要认真贯彻习近平总书记系列重要指示精神，按照党中央国务院决策部署，坚持以浙江“千万工程”经验为引领，扎实有序推动农村人居环境整治工作向面上推进，按时完成三年阶段性目标任务。他要求各地要结合实际，全面系统学习浙江经验，要坚持规划先行，因地制宜研究整治目标任务和建设时序，分类梯次推进，重点推进农村生活垃圾和污水处理，扎实实施农村厕所革命，加快提升村容村貌，加大投入力度，形成全社会共同改善农村人居环境的强大合力。

（二）中央两办发文深入学习浙江，扎实推进全国农村人居环境整治

2019 年 3 月，中共中央办公厅、国务院办公厅转发《中央农办、农业农村部、国家发展改革委关于深入学习浙江“千村示范、万村整治”工程经验扎实推进农村人居环境整治工作的报告》，并发出通知，要求各地区各部门结合实际认真贯彻落实。

该通知要求各地区各部门要用好用活浙江经验，要学习借鉴浙江省始终坚持以人民为中心的发展思想，始终坚持绿色发展和“绿水青山就是金山银山”理念，并真正转化为引领推动农村人居环境综合治理的具体实践；要坚持高位推动，党政“一把手”亲自抓，“五级书记”一起抓；坚持因地制宜、分类指导，与当地发展阶段相适应；坚持聚焦民生福祉，由易到难，从村庄清洁行动做起，久久为功，建立健全长效治理机制；坚持真金白银投入，强化要素保障，

建立多元化投入机制；坚持强化政府主导作用，调动农民主体和市场主体力量，形成全社会共同参与推动的大格局。中央主推的这些浙江经验做法，已经成为全国面上指导农村人居环境整治工作的指导思想和工作方法，已在实践中表现出越来越明显的先进性、示范性和有效性。

（三）浙江成为全国美丽乡村建设培训考察学习的打卡地

浙江 17 年坚持不懈地实施“千万工程”，开展农村人居环境整治和美丽乡村建设的经验做法，得到中央的肯定和大力推广。全国各省（区、市）纷纷派人到浙江来实地考察学习和交流经验。据不完全统计，全国所有的省（区、市）都派人来实地考察学习浙江“千万工程”和美丽乡村建设的经验。山东、广东、安徽、河北等省党政主要领导都亲自带队来考察浙江“千万工程”和美丽乡村建设的经验。他们深入湖州的安吉、德清、长兴和杭州的桐庐等浙江美丽乡村示范县和安吉县余村、鲁家村等美丽乡村精品村实地踏访，这些地方的全域美丽和生态宜居给他们留下极其深刻的印象。浙江省委党校、各地市县委党校和浙江大学等高校继续教育学院也举办了全国各地众多的美丽乡村建设、农村人居环境整治和乡村振兴战略的各种层次的干部培训班。大家饶有兴趣地吸取浙江干部、专家、教授讲授的浙江“千万工程”经验做法，实地考察浙江美丽乡村示范县、乡、村。可以说，浙江“千万工程”和美丽乡村建设已成为全国推广度最高的地方性、创新性先进典型经验。

（四）美丽乡村建设已成为实施乡村振兴战略的重点工程

浙江持续 17 年的“千万工程”和美丽乡村建设的创新实践，不仅使浙江农村生产、生活、生态环境全面改善，农村经济社会全面发展，精神文明建设和农民人文素养全面提升，成为实现农业强、农民富、农村美“三农”目标强有力的推手。浙江省农民发展研究中心专家撰写的研究报告——《从德清美丽乡村建设实践看乡村复兴之路》，引起了中央农村工作领导小组办公室（简称“中农办”）领导的高度重视，研究报告提出的17年“千万工程”和美丽乡村建设使浙江率先进入城乡融合发展新阶段，在美丽乡村升级版建设取得实质性成效的基础上，下一步农村建设发展为实现“两个一百年”的奋斗目标，要推进乡村产业振兴、生态振兴、文化振兴、社会和兴等乡村复兴工程，为中国全面小康和中华民族伟大复兴夯实“三农”基础。这个理论报告和这些观点得到中农办领导高度认可并作了重要批示，还将此研究报告刊登在中农办内部参考《农村要情》上，呈送中央有关部门领导参阅。浙江这一实践成果和理论研究成果也为党的十九大提出的乡村振兴战略提供了先行的实际案例和相关的政策建议。

生态宜居的美丽乡村已成为乡村振兴战略的极为重要的重大目标任务之一。开展农村人居环境整治也成为各地实施乡村振兴战略的基础性、突破性、务实性战略举措。可以说，从浙江“千万工程”到美丽乡村建设，再到实施乡村振兴战略的跃迁，这正是习近平“三农”情怀、“三农”理念、关于“三农”工作重要论述的集中体现，也是从浙江“三农”实践提升推动中国“三农”发展的经典样本。

案例 1-1

安吉县美丽乡村建设

安吉县地处浙江省西北部，是“绿水青山就是金山银山”理念诞生地和中国美丽乡村发源地。2017 年 12 月，习近平总书记在中央农村工作会议上指出，“像浙江安吉等地，美丽经济已成为靓丽的名片，同欧洲的乡村相比毫不逊色”。2018 年 4 月，全国改善农村人居环境工作会议在安吉召开，安吉生态宜居的美丽乡村获得与会代表的一致赞扬。2018 年 4 月，乡村治理的安吉模式——“余村经验”得到了习近平总书记的批示和肯定，成为全国乡村治理典范。

自 2003 年浙江省启动“千村示范、万村整治”工程以来，安吉县一张蓝图绘到底、一任接着一任干，持续推进新农村建设。2005 年 8 月，时任浙江省委书记习近平在安吉考察时首次提出了“绿水青山就是金山银山”理念。此后，安吉县在“绿水青山就是金山银山”理念引领下，坚定走生态立县、绿色发展的道路，并将新农村建设作为其中的重要内容。2008 年，刚脱掉贫困县帽子不久，安吉县就在全国率先提出美丽乡村建设，从当年不到六个亿的地方财政收入中拿出一个亿建设“中国美丽乡村”，并以此作为推进“三农”工作的总抓手，将生态建设、新农村建设和城镇化建设高度融合，实现村庄美、农业兴、农民富的“三农”发展目标。经过十余年坚持不懈抓推进，安吉美丽乡村建设成效显著，生态文明综合品牌成功打响，农村人居环境明显改善，农村产业融合发展平台逐渐形成，农村发展活力全面激发，农民幸福指数进一步提高，获得了联合国人居奖、全国首个生态县、浙江省美丽乡村示范县等荣誉。2015 年 5 月，以安吉县为第一起草单位的《美丽乡村建设指南》发布，成为首个美丽乡村国家标准。

到 2017 年底，全县地区生产总值 360.3 亿元，财政总收入 67.3亿元，农村居民人均可支配收入 27904 元。187 个行政村实现美丽乡村创建 100％全覆盖、农村生活污水处理 100％全覆盖、农村生活垃圾分类 100％全覆盖，全县农村无害化卫生厕所普及率达到 98.7％。

安吉建设美丽乡村主要有以下几个做法。

从点到面实现全域覆盖。 一是因时制宜、循序推进。2003年始，时任浙江省委书记习近平亲自谋划部署和推动了“千村示范、万村整治”工程。安吉县积极响应号召，开展了农村环境整治“五改一化”(改厕、改路、改水、改房、改线和环境美化)，尤其是“道路改善”和“垃圾集中处理”，做到“环境整洁、交通便捷”。2008年始，安吉县开展了以“村村优美、家家创业、处处和谐、人人幸福”为目标的美丽乡村创建，共有179个村完成了美丽乡村创建，占全县行政村总数的95.7%以上，提前实现了十年建设目标。2013年始，安吉县拔高标准，确定了美丽乡村升级版目标，不断提升农村人居软硬件环境建设水平，并把美丽乡村的重点从建设转到经营与治理，强调美丽环境向美丽经济转化，实现外在美向内在美拓展。党的十九大提出实施乡村振兴战略，安吉县以美丽乡村建设为载体，以乡村振兴目标为要求设置考核内容，着重抓产业兴旺、治理有效。二是规划引领、科学推进。按照“前两年抓点成线打出品牌，中间三年延伸扩面产生影响，后五年完善提升全国领先”的路径梯度推进美丽乡村建设。抓点成线、串珠成链，景区景点与美丽村落紧密结合，建成各具特色的四条精品观光带。实施“多规融合”，编制《美丽乡村建设总体规划》《村庄布局规划》等，严格实行不规划不设计，不设计不施工，逐村定位、逐村规划，确保建设质量和品位。三是标准管理、精准推进。打造可复制、可操作、可借鉴的新农村建设样板，通过一年试验、两年完善、三年提升，制定完善美丽乡村创建验收评比指标体系，即“一个标准(4个方面36项指标，后提升为46项指标)、三个档次(精品村、重点村、特色村，后增加精品示范村)”的考评体系。标准制定后，通过“五+X”的办法整合各类涉农项目，加大公共基础设施建设向农村倾斜的力度，各创建村通过自主申报，以具体项目形式推进美丽乡村建设。

从建到管促进均衡发展。一是长效管理标准化。以标准化为要求，编制了涵盖卫生保洁、园林绿化、公共设施管理、生活污水处理设施管理等4大类、28个子项的《中国美丽乡村长效管理办法》，严格落实“日督查、月通报、年考核”。突出专业化、规范化管理，全县70％的行政村采取物业管理，90％的行政村农村生活污水设施采取第三方运维，100％的行政村开展生活垃圾分类。二是公共服务一体化。安吉县全年新增财力80％用于民生，农村污水设施、生活垃圾无害化处理、农村联网公路、城乡公交、劳动就业、卫生服务、居家养老、学前教育、广播电视、文化体育、城乡居民社会养老保险、农村清洁能源利用、农村信息化等13项公共服务实现全覆盖。目前，村村都有农民广场、乡村舞台、篮球场、健身设施，实现了农村数字电影院全覆盖。建成覆盖全县的205个村级便民服务中心，形成“2公里便民服务圈”。三是居民收入均衡化。2008—2017年，安吉农村居民人均收入从9196元增加到27904元，高于全省平均水平2948元；城镇居民人均可支配收入从18548元增加到48237元，城乡收入之比为1.73∶1。村均集体经营性收入达97.8万元。

从美到富发展美丽经济。一是三产融合产生发展动能。坚持县域大景区定位，坚持三产融合发展导向，积极促进美丽环境向美丽经济转化，探索出了农旅结合、文旅结合、工旅结合等一批产业融合发展新模式。打造了笔架山、鲁家村等田园综合体项目，灵峰旅游度假区成功创建国家级旅游度假区，山川乡成功获批全国首个乡域4A级景区。二是因地制宜开展村庄经营。要求美丽乡村创建村对经营有深入思考和清晰定位，先策划、后规划、再建设。

在美丽乡村规划之初，强调因地制宜结合经营要求开展村庄风貌设计，着力体现一村一业、一村一品、一村一景。按照宜工则工、宜农则农、宜游则游、宜居则居、宜文则文的原则，全县187个行政村划分为40个工业特色村、98个高效农业村、20个休闲产业村、11个综合发展村和18个城市化建设村。在美丽乡村建设完成后，积极探索多种村庄经营模式。目前，全县29个精品示范村吸引工商资本项目120个，总投资达115亿元。三是立足优势促进实力提升。立足安吉生态产业优势和乡村经营特色，县域经济实现持续健康发展。2008—2017年，安吉县地区生产总值从121.03亿元增加到360.3亿元，年均增长11.6%；财政收入从11.11亿元增加到67.3亿元，年均增长20.7%。特色鲜明、优势互补、融合发展的三次产业格局已基本形成，三次产业结构比由2008年初的12∶52∶36调整到7.2∶44.3∶48.5，实现了“321”的金字塔结构。

案例来源：根据湖州市安吉县农业和农村工作办公室提供的总结材料整理而成。

案例简析 〉〉〉

安吉的美丽乡村从“生态立县”的土壤上生长出来，并在“绿水青山就是金山银山”理念的指引下茁壮成长，“生态立县”的绿色发展理念深受群众拥护，具有内生活力，并得到各届领导班子的持续支持，所以成就了“美丽乡村”发源地和领头羊的地位。但安吉的美丽乡村又是在财政能力有限、经济相对周边落后的情况下量力而行、一步一步发展的，以最小的投入得到了最大的回报，其经验对全国其他地区有积极的借鉴意义。

一是规划一张图，城乡要互补共进，实现融合发展。城乡是无法割裂的，单独发展哪一方都无法走远。始终把城市和乡村看作一个有机整体，把全县作为一个大乡村、大景区来规划建设，推动城、镇、村三级联动，确保城乡取长补短、相互促进、共同发展。通过美丽乡村实现公共服务向农村延伸、资源要素向农村倾斜，使农村保有天然的形态，获得更美的环境，享受到更现代的设施和便利。同时把城镇作为县域大乡村中的重要节点，实现为美丽乡村配套的服务功能。

二是建设一盘棋，资源要整合利用，集中力量办大事。始终把美丽乡村作为整合资源的抓手，把美丽乡村建设充分贯彻落实到组织领导、政策扶持、工作部署、财力投放、干部配备和机制创新等各个方面。统筹投向农村的各级各类政府资源和社会资本，改变了过去条线分散、各自为政、遍地开花的部门项目扶持模式，“美丽乡村”建设到哪里，部门项目跟到哪里，“集中力量办大事”，通过资源的整合实现了以较小的财政投入完成了全域美丽乡村的建设。同时通过美丽乡村建设带动了社会资金和民间资本的投入，实现了财政投入的“杠杆”作用。

三是产业一条龙，乡村的建设要与产业发展相结合才有生命力。始终把发展美丽经济作为美丽乡村建设的核心，充分挖掘区位、产业、资源、生态等方面的优势，突出放大品牌效应，形成特色生态产业和绿色发展模式。依托“白茶之乡”和“中国竹乡”两张名片，做大做强白茶和竹产品加工业，做精做细休闲旅游产业，充分将“竹”和“茶”元素运用到美丽乡村建设和经营中，形成了一大批一二三产融合的项目。

四是民心一杆秤，要以人民的需要作为一切工作的出发点，才能聚民心、得民力。始终突出村和农民的主体地位，坚持以行政村为美丽乡村建设的决策主体和实施主体，要不要创建、什么时候创建、建设什么内容由行政村自主决定，充分激发农民群众和行政村的主观能动性。当美丽乡村的建设成果显现，形成示范效应以后，“要我干”变为“我要干”，真正形成了“一呼百应”建设美丽乡村的生动局面，美丽乡村建设成为最大的民心工程，成为凝聚群众力量、培养村镇干部的最好途径。

本章小结

浙江省从2003年开始实施“千万工程”，不断深化“千万工程”和美丽乡村建设，使人居环境和社会风貌发生了历史性变化。昔日脏乱差的农村变成了生态宜居的美丽乡村，浙江的经验和做法得到了全国兄弟省份的认可，得到了中央的充分肯定，也得到了联合国的赞誉。习近平总书记在2018年作出重要批示：“浙江‘千村示范、万村整治’工程起步早、方向准、成效好，不仅对全国有示范作用，在国际上也得到认可。要深入总结经验，指导督促各地朝着既定目标，持续发力，久久为功，不断谱写美丽中国建设的新篇章。”《中央农办、农业农村部、国家发展改革委关于深入学习浙江“千村示范、万村整治”工程经验扎实推进农村人居环境整治工作的报告》总结浙江“千万工程”七方面经验：一是始终坚持以绿色发展理念引领农村人居环境综合治理；二是始终坚持高位推动，党政“一把手”亲自抓；三是始终坚持因地制宜，分类指导；四是始终坚持有序改善民生福祉，先易后难；五是始终坚持系统治理，久久为功；六是始终坚持真金白银投入，强化要素保障；七是始终坚持强化政府引导作用，调动农民主体和市场主体力量。2018年1月，车俊同志在《人民日报》发表署名文章《抢抓乡村振兴战略机遇　谱写新时代“三农”工作新篇章》，提出实施创建千个乡村振兴精品村、万个美丽乡村景区村的“新千万工程”，实现全域景区化。

思考题

1.简述实施“千万工程”的背景与意义。

2.简述“千万工程”的目标与主要任务。

3.试阐述“千万工程”成功的主要经验。

拓展阅读

1.赖惠能.解码美丽乡村之浙江秘笈[M].北京：研究出版社,2017.

2.何玲玲,方问禹,王俊禄,等.诗意栖居:在“浙”里看见美丽中国[M].杭州：浙江摄影出版社,2020.

3.顾益康,邵峰.走向城乡发展一体化的浙江农村改革与发展[M].杭州：浙江大学出版社,2019.

4.顾益康,袁海平.新农村新社区建设研究[M].北京：中国农业科学技术出版社,2010.

从我省农业资源紧缺和发挥比较优势的实际出发，提高农业综合生产能力、建设现代农业的主攻方向是：以绿色消费需求为导向，以农业工业化和经济生态化理念为指导，以提高农业市场竞争力和可持续发展能力为核心，深入推进农业结构的战略性调整，大力发展高效生态农业。

——习近平：《之江新语》，浙江人民出版社 2013 年版，第 109 页。

第二章　走高效生态新型农业现代化道路

本章要点

1. 绿色生产方式是习近平同志提出的浙江走新型工业化道路，促进经济转型升级的可持续发展纲领，有绿色产业、绿色制造、循环经济、清洁能源、低碳经济等具体措施。其中，绿色产业指高效生态农业。

2. 习近平总书记关于高效生态农业的重要论述实际也是“绿水青山就是金山银山”理念的重要组成部分，它不是单纯的生态农业，而是不以生态为代价，同时又有效利用、转化生态资源的高效益农业。

3. 浙江省发展高效生态新型农业现代化道路的关键：一是以农民合作经济组织作为高效生态农业的组织载体；二是以“两区”建设作为高效生态农业的集聚载体。

农业是中国最古老的产业，也是兴国安民的基础产业，加快传统农业向现代农业转变，探索适合“大国小农”基本国情的中国特色农业现代化道路，是中国特色社会主义现代化建设中艰巨而伟大的任务，也是中国“三农”问题的一个难点。21 世纪以来，浙江省在习近平同志的倡导下，作出了大力发展高效生态农业的战略决策，从浙江实际出发，积极探索符合浙江省情、中国国情的新型农业现代化道路，为我国传统农业向现代农业的转变探索出了一条积极可行的途径。习近平同志在浙江对发展现代农业和推进农业现代化的创新探索，为新时代中国农业的高质量发展提供了重要的经验启示。

第一节　发展高效生态农业的战略决策

2003 年在浙江启动“千万工程”的同时，习近平同志审时度势，作出了大力发展高效生态农业的战略决策，把高效生态农业作为浙江现代农业的目标模式。概括起来，就是坚持以科学发展观为统领，走经济高效、产品安全、资源节约、环境友好、技术密集、凸显人力资源优势的新型农业现代化道路。

一、与时俱进的战略决策

自 20 世纪末浙江省推动了农业全面市场化的进程，而且也大大加快了农业结构创新、体制创新、技术创新的步伐，促进了传统农业向现代农业的转变，在农业领域中形成了现代农业与传统农业并存的二元结构。然而，农业内部已经生成的现代性，范围不广、水平不高，从总体上来看，浙江省农业仍是传统农业，表现在：农业结构尚未真正形成鲜明的特色和贸工农一体化的格局，比较优势发挥不充分，市场竞争力不强；农业生产专业化、规模化、集约化水平不高，产业化经营的水平不高、覆盖面不广，市场主体虽数量不少，但实力不强；农业技术进步不快，农产品技术含量和质量卫生安全水平不高，农业技术支撑体系尚未完全形成。完全改变这种传统农业的状况还需要较长的时间，任务还十分艰巨。特别是当时，以粮食购销市场化改革和加入 WTO 为标志，农业发展进入了全面市场化和加速国际化的新时期，我国沿海地区农业发展面临以下新的趋势和挑战。

一是农产品的市场竞争力成了农业兴衰的核心。我国加入 WTO 后，国际、国内两个市场变成了全球统一的大市场，国际竞争国内化、国内竞争国际化的特征越来越明显，我国的农产品面临更大范围、更高层次和更加激烈的市场竞争。随着全球农业生产力的不断进步和国内农产品买方市场的基本形成，农业的自给半自给、小而全的生产格局和数量型、粗放型的增长方式越来越难以为继，农业的发展目标已从过去的追求产量、保障区域供给转为追求质量、提高经济效益，农业生产已从过去的市场需求决定转为市场竞争决定，农产品的市场竞争力成了农业兴衰的决定因素。

二是农业的区域分工成了农业生存与发展的前提。我国加入 WTO 后，虽然有更多的机会扩大农产品出口，但随着农产品关税的降低、非关税措施的取消和市场的更加开放，国外的农产品也将越来越多地进入国内市场。这必将给我国目前小规模、高工本、低质量和小而全、自求平衡的农业生产经营格局带来严峻的挑战，特别是人多地少的沿海省份，挑战尤为明显。如果我们不积极参与全球农业的分工，我们就难以在全球统一的大市场中占据一席之地。对沿海省份来说，不仅在国际市场上已经占据的市场空间将难以扩大，而且在国内市场上的生存空间也会被越来越多的国外农产品和国内其他省份的农产品所替代。因此，正视我国农业与世界农业关联度增强的趋势，按照比较优势原则，充分利用国际国内的农业资源和市场，参与农业的国际国内分工、交换与竞争，是我国农业优化资源配置，提高生产率和市场竞争力，拓宽发展空间的重要前提。

三是农业的科技进步成了农业发展最强劲的动力。现代经济的核心资源是科学技术，对沿海地区的农业来说，科学技术的地位更加突出。沿海地区人多地少、劳动力价格较高，生产土地密集型的农产品与国外同类农产品相比没有优势，与国内其他省份的同类农产品相比也缺乏优势，生产劳动密集型的农产品也难以与国内其他省份的同类农产品相竞争。沿海地区山水资源相对较丰富、资源禀赋多样，农产品的市场竞争不可能在数量上与他人相抗衡，只能充分发挥浙江省资源多样、气候多宜、物种多类的各种资源优势，大力发展特色农业，在品牌特色和内涵质量上与他人比高低、争天下。因此，把科技进步放在农业发展的首位，走科技密集型的农业发展之路，是我国特别是沿海地区农业在越来越激烈的市场竞争中站稳脚跟、求得新发展的根本动力。

四是农业发展面临的亟待解决的问题。随着工业化、城镇化、市场化的快速推进，年轻力壮的农村劳动力大量转移到二、三产业就业，农业经营出现了副业化、兼业化、老龄化趋向；随着人们生活水平的提高和农产品国际、国内市场竞争的加剧，农产品质量安全水平不高、农业组织化程度较低、市场主体竞争力不强的问题愈加突出。同时，农业土地资源逐年减少、水资源紧缺、基础设施薄弱、资金投入不足、生产能耗和成本不断上升等问题，困扰着浙江农业的发展。解决这些问题，要求加快转变农业增长方式，创新农业发展模式，探索一条既能发挥浙江比较优势又能克服传统农业发展难题、实现农业又好又快发展的道路。

正是在这样一个农业内部、外部环境发生重要深刻变化的时刻，习近平同志高瞻远瞩，对我国农业农情进行了深入的分析和判断："我国农业人口多、耕地资源少、水资源紧缺、工业化城镇化水平不高的国情，决定了发展现代农业既不能照搬美国、加拿大等大规模经营、大机械作业的模式，也不能采取日本、韩国等依靠高补贴来维持小规模农户高收入和农产品高价格的做法，而必须探索一条具有中国特色的现代农业发展之路。"[①]习近平同志在全面分析浙江资源禀赋、经济社会发展水平和农业发展新形势的基础上，作出了大力发展高效生态农业的战略决策，把高效生态农业作为浙江现代农业的目标模式。浙江实践的高效生态农业既具有中国现代农业的一般特性，又反映了人多地少的经济较发达地区农业发展的特殊性。发展高效生态农业，既符合中央的要求，又紧密结合浙江的实际。

二、高效生态农业的内涵与特征

习近平同志在 2005 年浙江省农村工作会议上对高效生态农业进行了完整的阐述："高效生态农业是集约化经营与生态化生产有机耦合的现代农业。它以绿色消费需求为导向，以提高农业市场竞争力和可持续发展能力为核心，兼有高投入、高产出、高效益与可持续发展的双重特征，它既区别于高投入、高产出、高劳动生产率的石油农业，也区别于偏重维护自然生态平衡和放弃高投入、高产出目标的自然生态农业，符合浙江资源禀赋实际，也符合现代农业的发展趋势。"

（一）高效生态农业的内涵

高效生态农业内涵丰富，概括起来，就是坚持以科学发展观为

① 习近平. 走高效生态的新型农业现代化道路[N]. 人民日报，2007-03-21(9).

统领，走经济高效、产品安全、资源节约、环境友好、技术密集、凸显人力资源优势的新型农业现代化道路。

经济高效，就是做大做强有比较优势的农业主导产业，着力提升农业集约经营水平，开拓农业的多种功能，拉长农业产业链，提高农产品附加值，使农业成为能够带动农民致富的高效产业；产品安全，就是以绿色消费为导向，大力发展优质安全的农产品，形成从农田到餐桌全过程的农产品质量安全保障体系，以绿色安全来提升农产品的市场竞争力；资源节约，就是从浙江农业资源短缺的实际出发，注重农业资源的节约使用、循环利用、综合开发，积极推广资源节约型生产经营模式；环境友好，就是按照人与自然和谐发展的要求，推进农业标准化清洁生产，加强农业污染治理和生态环境建设，实现农业可持续发展；技术密集，就是使科技进步成为农业增长的主要动力，大幅度提高农业的科技含量和科技贡献率，充分运用生物技术、信息技术、新材料技术提升种子种苗、种植养殖和农产品精深加工水平；凸显人力资源优势，就是从人多地少的实际出发，充分发挥精耕细作的优良传统，着力提高农业劳动者的科技文化素质，大力发展劳动密集型与技术密集型相结合的特色优势产业，挖掘农业就业增收的潜力，促进农业向广度和深度进军，使农业发展真正走上依靠科技进步和提高劳动者素质的轨道。

(二)高效生态农业的特征

高效生态农业具有五个基本特征：一是以绿色消费需求为导向，体现农产品的绿色化、特色化和品牌化的统一性；二是以农业工业化和经济生态化理念为指导，体现农业的经济、社会、生态综合效益的最大化；三是以农业资源集约、精细、高效和可持续开发利用为前提，体现集约化经营与生态化生产的有机耦合；四是以科技创新为农业增长的主动力，体现高产优质技术与绿色安全技术的有机结合；五是以贸工农一体化的产业体系为支撑，体现专业化、企业化生产主体与产业化、社会化服务组织的有效连接。

(三)推进高效生态农业的路径

1. 积极推动农业科技创新和体制创新，做优做强区域化、特色化、品牌化的主导产业，大力培育专业化、规模化、产业化的现代生产经营主体，积极推广集约化、标准化、生态化的生产模式，着力构建信息化、多元化、社会化的新型服务平台，全面推进农田园林化、水利化、机械化的现代农业基础建设和装备建设，形成具有高土地产出率、劳动生产率和市场竞争力的现代农业产业体系。

2. 做强做大高附加值的农业主导产业。根据资源禀赋、产业基础和市场需求，选准若干拳头产品，按照区域化布局的农业块状经济和贸工农一体化的“龙”型经济要求，大力推进标准化、产业化的特色产业基地和特色农产品加工功能区建设，积极培育具有明显比较优势的主导产业。重视优质粮食生产，发展优质米、功能米、种子粮、高含油菜籽等特色产业。

3. 培育高效益的现代农业生产经营主体。鼓励专业大户、农场企业按照“依法、自愿、有偿”的原则，采取招标承包、长期租赁、股份合作等方式，以较高的土地租金和股份分红吸收农户的承包地，促进耕地、水面、山林的规模化、企业化经营。大力发展农业产业化经营组织，鼓励发展农民专业合作社和农产品行业协会，提高农业产业化、农户组织化水平，增强农业产业的市场竞争力。鼓励工商企业投资现代农业，加快实施农业“走出去”战略，培育一批竞争力强的外向型农业龙头企业和标准化农产品出口基地。

4. 构建高效率的现代农业服务体系。积极创新农业服务形式，大力推进以农民专业合作社为基础、供销合作社为依托、农村信用合作社为后盾的“三位一体”的服务联合体建设，努力构建以政府部门的服务和管理为保障的集技术、信息、金融、营销等服务于一体的新型农业服务平台。建立健全农产品市场物流体系，大力实施农产品品牌战略，加快推行标准化生产和管理，加强农产品生产环境和质量检验检测，建立农产品质量安全可追溯体系。积极推进农业信息化，有效整合各种信息网络服务资源，为农民提供便捷有效的信息服务。

5. 研发推广高效能的现代农业先进技术。按照建设创新型省份的要求，加快农业科技创新平台建设，引导涉农企业开展技术创新活动。按照建设资源节约型、环境友好型社会和农业功能多样化的要求，大力推进农作制度改革和生产模式创新，重点推广设施农业、循环农业、精准农业、休闲农业、有机农业等高效生态的生产模式。构建农科教、产学研一体化的新型农业技术推广体系。

6. 促进农业基础设施和生态环境建设。浙江把加快建设适应主导产业发展的高标准农田水利基础设施，促进标准农田建设，加强山水田林路的综合治理和山区小流域农业生态工程建设，作为“千万工程”的重要任务。促进标准化的主导产业基地建设。加强林业特色产业基地的配套基础设施和标准渔港、标准鱼塘建设。高度重视农业生态环境建设，加快农业面源污染治理，推广沼气等清洁能源，深入实施富民兴林和林业现代化示范工程，大力推进生态公益林、沿海防护林、高标准平原绿化工程建设，全面提高农业可持续发展能力。

7. 建立健全政府对现代农业的支持和保护体系。建立以工促农、以城带乡的长效机制，切实提高政府运用财政手段支持农业发展的能力。巩固和完善支农惠农强农政策，加大对农业基础设施建设、生态环境改善、农业科技研发、良种良法推广、农民培训教育等公共产品的供给力度，为高效生态的现代农业提供支撑和保障。

三、高效生态农业的成效与经验

十多年以来，浙江积极遵循习近平同志在浙江部署的走高效生态的新型农业现代化道路，顺应新常态下消费需求升级、生态文明绿色发展的新要求，在深入实施“千万工程”的同时扎实推进农业供给侧结构性改革，致力于改善农业供给体系的质量和效益，推动农业转型升级发展，取得了令人瞩目的新成就。

农村居民人均可支配收入增长到2018年的27302元，连续34年保持全国省区农民收入第一；农业发展在全国创造了多项第一，成为全国唯一一个现代生态循环农业试点省，首个畜牧业绿色发展示范省，首个农业“机器换人”示范省，首个推行生产、供销、信用“三位一体”农合联（农民合作经济组织联合会）组织改革建设的试点省，首个完成“三权”到人（户）农村产权制度改革的省份，为中国特色的新型农业现代化提供了浙江样本。十多年来，全省各地在发展高效生态农业上进行了积极的实践探索，创造了新型农业现代化发展的新经验，率先破解了浙江乃至全国农业转型发展遇到的矛盾与瓶颈，在中国特色农业现代化道路上起到了“带好头、领好向”的作用。

（一）集聚发展提升农业基础和产业集群，破解农业弱而散的难题

浙江要强，农业必须强。针对农村家庭承包经营体制下的农业公共投入少、农田基础建设薄弱以及产业散等农业短板问题，以集聚发展提升农业基础和产业集群。一是持续打造农业“两区”升级版，夯实农业基础优势。坚持把“两区”建设作为推动农业集聚

发展和夯实现代农业基础的主抓手。到2016年，浙江省已累计建成粮食生产功能区9131个，总面积760万亩，累计建成现代农业园区818个，总面积516万亩，“两区”合计总面积1276万亩，占全省耕地面积的1/2。二是开展高标准农田建设。通过积极增加政府投入，统筹农业综合开发、土地整理、农田水利等项目，开展高标准农田和千万亩标准农田质量提升工程，形成了一大批高产稳产的高标准农田，目前标准农田中一等田的占比已达40%以上。三是大力推进农业产业的集聚发展。以发展优势产业和特色精品产业为着力点，促进产业空间布局优化。到2016年底已打造形成以茶叶、丝绸、黄酒、中药等16个农业相关历史经典产业为基础的“产、城、人、文”融合的特色农业小镇，通过优化产业区域空间布局和园区集聚促进农业产业集群发展。四是大力推进农业机械化、设施化、智能化应用。深入实施农业领域“机器换人”，是全国农业“机器换人”示范省。通过加快先进适用农业技术装备推广应用，进一步提高农业装备覆盖率、渗透率。

（二）绿色发展促进农业生产绿色化和农产品品质化，破解农业逆生态的难题

浙江省坚持“绿水青山就是金山银山”的新理念，一以贯之把习近平同志在浙江工作期间提出的“发展高效生态农业”作为主攻方向，着力把现代农业建设成为美丽产业，实现生态环境和经济效益的统一，克服农业生产逆生态、低品质的问题。一是大力发展生态循环农业。浙江省在2015年已全面完成全国唯一一个现代生态循环农业试点省创建，并成为全国首个畜牧业绿色发展示范省。积极推广“主体小循环、园区中循环、区域大循环”的多层次、多形式生态循环模式，推动农业废弃物无害化处理、资源化循环利用，

有效地促进了农业面源污染治理。全面确立了“一控两减四基本”农业绿色发展体系，规模畜禽养殖场排泄物资源化利用率、农作物秸秆综合利用率和主要农作物病虫害统防统治覆盖率分别达到98%、95%和40%，农药化肥使用量分别减少5%，病死动物实现无害化处置。按照“场区建设美、环境生态美、品牌文化美、设施配套优、生产管理优”的要求，建设了一批省级美丽生态牧场。二是部署推进“打造整洁田园、建设美丽农业”行动计划，推进农业“视觉美、内涵美、持续美”，持续深入地开展田园环境整治行动，彻底扭转田间脏乱差现象，整体改善视觉效果，全面提升美丽农业的颜值。推动农旅结合，不断丰富美丽农业内涵。三是大力推进农产品质量安全体系建设。积极发展“三品一标”农产品，实施农产品绿色品牌战略，培育了一批具有市场竞争力的特色化、绿色化、品牌化的优质高值的农产品。目前，浙江省无公害农产品、绿色食品、有机农产品7281个，列入国家地理标志产品44个，全省“三品”产地认定面积累计1662.87万亩。大力推动在主导产业全面构建全程可追溯的安全生产体系和监管体系建设，一些县市已建立起农产品质量安全实时监管APP；严格农产品市场准入条件，在全国率先启动食用农产品合格证。目前，浙江省是农业部批复的唯一整建制创建国家农产品质量安全示范省。四是大力推广粮经复合的农作制度创新，突破粮田低效益的瓶颈。通过农技推广基金，创新和推广粮经结合、种养结合、粮饲牧结合等新型高效农作方式，2015年“千斤粮万元钱”新型农作模式面积达272万亩。五是大力推进生态环境治理，让美丽环境成为生产力，形成美丽农业经济的重要支撑。2013年，浙江省委、省政府全面部署推进“五水共治”工程，并加快实施“三改一拆”工程，深入开展“四边三化”行动，推进美丽乡村建设。尤其是2014年实施农村生活污水治理以来，浙江省农业农村生态环境得到了全面的改善和优化。2013—2015年，各级投入300多亿元，500万户农户生活污水实现截污纳管，2.1万个村完成治理，全省村庄覆盖率、农户受益率分别为90%、74%。全面推行农村生活垃圾集中收集处理，建制村覆盖率达到100%。

(三)融合发展催生新业态和新动能，破解农业不高效的难题

浙江省以品质型小康需求为导向，以产业融合化、多功能化来推进农业结构、产品结构、品质结构和区域结构的全面优化，提高农业一二三产融合发展和综合效益水平，实现农业产业的全面转型升级。一是推动农业全产业链建设。截至2017年，浙江省已建成畜牧、水产、竹木等示范性农业全产业链29条，实现产前产中产后、产加销、一二三产融合，年总产值超过1000亿元。二是拓展多功能农业新业态。近年来，浙江省以“农业+”的新思路培育发展农业新业态，不断推进农业与旅游、健康、教育、文化等产业的深度融合，催生了一大批农业新业态，休闲农业、养生农业、创意农业、庄园经济等一大批新型农业业态异军突起，成为农业农村经济新增长点。浙江省农业休闲观光旅游产值大幅提升，从2010年的89.22亿元提高到2016年的291亿元。三是用“互联网+”培育发展新动能。发挥互联网大省的先发优势，推进生产方式的自动化、智能化，经营方式的网络化、品牌化，农产品电商蓬勃发展。浙江省目前拥有淘宝镇56个、淘宝村501个，2015年农产品电商销售额达到304亿元，居全国首位，一张“电子商务进万村”的宏伟蓝图正在实现。农业新业态正成为浙江农业增效、农民增收的新经济增长点。

(四)推进农业经营主体和经营体系创新,破解"谁来种田"的难题

农业人口老龄化是浙江现代农业面临的一大挑战,也是全国现代农业所面临的难题。浙江省第十三次党代会以来,浙江把大力培育新型农业经营主体、优化农业生产经营体系作为强农的核心任务,着力构建适度规模化家庭经营、产业化合作经营和公司化企业经营相结合的新型农业经营体系。一是把培育多类型适度规模经营的家庭农场作为培育新型主体的基础性工作。通过大力促进多种形式的土地流转,鼓励专业大户、返乡农民工和大中专农科毕业生,培训农村实用人才,培育"新农人""农创客"等新型职业农民,发展多类型适度规模经营的现代家庭农场,使之成为浙江农业家庭经营的主体力量。通过创新整村流转、长期流转以及土地股份合作农场等形式,有效促进了土地规模经营持续增长。到 2016 年,土地流转总量达 1005 万亩,占承包耕地面积比重为53.0%。已有经工商注册登记的家庭农场 23719 个,经营土地面积 228.4 万亩,平均每个家庭农场经营规模近 100 亩。二是创新增强农民合作组织的经营实力和社会化服务能力,提升农业合作化规模经营和服务规模经营的水平。2014 年,浙江省委、省政府确定在慈溪、瑞安、平湖、上虞、诸暨、义乌、仙居等 7 个县(市、区)开展先行试点,率先在全国探索构建生产、供销、信用"三位一体"新型农民合作服务体系和社会化服务体系建设,着力解决农业生产经营过程中的服务短缺问题。目前,浙江所有地级市和大部分县市已建立了农合联组织。同时针对当前农民合作社多而小、散而弱的状况,加快农民专业合作社的整合和联合,积极组建农民合作社联合社,增强合作社的生产服务功能、农产品加工营销功能、资金互助

功能。到2015年，浙江省农民专业合作社总数已达45989家，成员116.2万个，专业合作社经营服务总收入达到519.8亿元。三是积极推进农业企业化经营和农业产业化合作经营。顺应工商企业积极投资现代农业的新趋势，引导工商企业进入农业产业链的适宜领域和环境，培育一批高科技、高效益现代农业企业公司。2015年，浙江省已有农业龙头企业7664家，在农产品加工、营销、出口等方面发挥了积极作用，农业龙头企业实现销售总收入3500亿元。同时积极引导从事农产品加工营销的农业龙头企业与农民专业合作社、家庭农场结成股份合作等形式的利益共同体，构建起共创共享的产业化合作经营的新机制。

(五)全面深化农业农村改革，破解体制机制约束的难题

浙江顺应党的十八大以来全面深化农业农村改革的新趋势，以推进农业供给侧结构性改革为主线，向改革要动力、要红利、要活力，加快农业转型升级。城乡一体化体制机制改革干在实处，走在前列。一是率先在全国推进农村“三权”改革。2014年初，浙江省委、省政府部署“三权到人(户)、权随人(户)走”改革，各地各部门加快推进农地、宅基地、农村集体产权的确权、登记、颁证等基础性工作。截至2015年底，浙江省99.4%的村社完成改革，在全国率先全面完成农村集体资产确权工作。“三权到人(户)”的改革有效激发了农业农村各类要素的市场活力。二是加快改革农村户籍制度。2013年，德清县作为浙江省首个实施户籍管理制度改革的试点县启动了户籍制度改革。2015年底，浙江省政府出台《关于进一步推进户籍制度改革的实施意见》，提出全面放开县(市)落户限制，有序放开大中城市落户限制，取消农业户口与非农业户口性质区分，标志着全省户籍制度改革进入全面实施阶段。三是城乡一体医疗养老等社会保障制度进一步完善。2014 年底，浙江省 11 个设区市都已制定出台全市统一的城乡居民基本医疗保险制度，率先在全国完成城乡居民医保职能、制度、经办并轨。到 2015 年底，城乡居民医保参保 3202 万人，总参保率达到 95%，全民医保体系基本形成，并率先实现大病保险制度全省全覆盖。城乡居民平均低保标准稳步提高，城乡低保差距进一步缩小。2012 年城乡低保平均标准分别为每人每月 515.49 元和 393.42 元，到 2016 年城乡低保平均标准分别为每人每月 678 元和 631 元。

第二节　中国特色新型农业现代化道路探索

走中国特色农业现代化道路是中国特色社会主义现代化建设中的艰巨而伟大的任务。习近平同志作出以高效生态现代农业为主攻方向，走符合浙江特点、中国特色的新型农业现代化道路是对中国特色农业现代化道路的成功探索，并从实践与理论相结合的高度，提出了一整套可操作的现代农业产业体系建设的思路对策。

一、准确把握我国农业现代化道路的中国特色

习近平同志在谈到发展高效生态现代农业和农业现代化时，特别强调全面科学地把握中国特色农业现代化的准确定位和科学内涵是探索其实现路径的重要前提，否则难免再犯“南辕北辙”的错误。作为中国特色农业现代化道路，最重要的是要把握好中国特色这一关键词，也就是如何体现农业现代化的中国特色，在科学内涵、目标模式和实现路径上都要体现中国特色。概括起来，我国农业现代化道路的中国特色必须体现以下四个方面的基本要求。

一是要体现符合中国基本国情、社情、农情的基本特点。这是

最重要、最基本的要求。邓小平在改革开放初期就对中国特色的社会主义的内涵要求作过科学的论述,认为“过去搞民主革命,要适合中国情况,走毛泽东同志开辟的农村包围城市的道路。现在搞建设,也要适合中国情况,走出一条中国式的现代化道路”,并且进一步强调,“现在全国人口有九亿多,其中百分之八十是农民。人多有好的一面,也有不利的一面。在生产还不够发展的条件下,吃饭、教育和就业就都成为严重的问题。我们要大力加强计划生育工作,但是即使若干年后人口不再增加,人口多的问题在一段时间内也仍然存在。我们地大物博,这是我们的优越条件。但有很多资源还没有勘探清楚,没有开采和使用,所以还不是现实的生产资料。土地面积广大,但是耕地很少。耕地少,人口多特别是农民多,这种情况不是很容易改变的。这就成为中国现代化建设必须考虑的特点”[①]。因此,综合考虑中国基本国情、社情、农情,主要是地域广阔、人多地少、人均农业资源稀少、农业经营规模细小,具有典型的“大国小农”的特点,并且还将长期处于社会主义初级阶段。中国特色农业现代化道路的科学内涵、目标模式与实现路径必须立足于这种基本国情、社情、农情。

二是要体现传承中国传统农耕文化精华的文化特质。中国特色的内涵除了要体现中国基本国情的要求外,还有一个核心要素,就是要体现中国优秀传统文化的传承继起,没有中国传统文化的基因就很难说是中国特色。中华文化博大精深,农耕文明灿烂辉煌,在我国长期的农业社会中形成的农耕文化是中国传统文化的基础和精髓。一个国家的农业现代化不是从天而降的,而必然是在传统农业基础上的改造和发展。所谓中国特色的农业现代化,

① 邓小平.邓小平文选(第二卷)[M].2版.北京:人民出版社,1994:163-164.

就必须体现对中华民族悠久的农耕文化的传承与弘扬，因此我们在传统农业的改造和现代农业建设中不能用“抛弃”的思维而是要用“扬弃”的哲学思维，对我国几千年的农耕文化和农耕方式进行科学的分析，取其精华去其糟粕。绵延几千年的农耕文明，其间形成了天人合一、天地人和、阴阳平衡、道法自然的朴素哲学思想和家庭伦理、生命伦理、生态伦理的人文思想，由此相对应的是精耕细作、种养结合，应时取宜、物尽其用，聚族而居、守望家园，男耕女织、邻里相助的农耕方式，还衍生成了自强不息、厚德载物、崇学务实、诚信向善、仁爱孝悌、敬畏天地等价值理念。因此，中国特色农业现代化必须体现这种经久不衰、历久弥新的农耕文化的精髓。这也是中国特色农业现代化的文化基因，从一定意义上来说，中国特色农业现代化就是要体现中国文化特色的农业现代化。

三是要体现把准经济社会发展趋向规律的时代特征。我们必须充分考虑中国特色的社会主义制度已经在中国得到基本确立并走上了市场经济的发展道路，具备全面建设小康社会和向现代化迈进的时代特征。因此，中国特色的农业现代化必须体现社会主义市场经济的发展要求，经济、政治、文化、社会和生态文明建设“五位一体”的战略要求和基本实现社会主义现代化的目标要求，必须考虑农业现代化中农业效益的大幅度提高和农民收入的大幅度增加以及实现城乡差别、贫富差别和工农差别的缩小，使广大务农农民也能走上共同富裕的发展道路。同时，还要考虑必须遵循统筹城乡发展的客观规律的要求和新型工业化、信息化、城镇化与农业现代化同步推进的规律要求。走中国特色的农业现代化道路，必须致力于建立新型工业化带动城镇化，工业化、城镇化促进农业现代化，农业现代化支撑城镇化以及信息化提升工业化、城镇化和农业现代化的内在机制，不断强化以工促农、以城带乡、工农互惠和城乡互促的新型工农关系和城乡关系。

四是要体现全球化趋势下世界现代农业的一般特性。随着经济全球化、国际化的发展和我国日益融入世界经济发展的潮流之中，我国现代农业的发展必须顺应这种全球化的趋势和潮流，必须增强我国农业的国际竞争力，参与世界农业国际分工，必然要学习借鉴当代发达国家农业现代化的成功经验。因此，我国农业现代化建设要顺应这种世界潮流，也是中国特色的应有之义。即在农业现代化进程中，既要体现中国的特色，又要体现当代世界现代农业发展的一般规律性。我们的现代农业也要体现世界现代农业的八个基本特性，即我国的现代农业必须是市场化、国际化的开放型农业，农产品标准化、品质化的绿色安全农业，多功能、高附加值的高效农业，高科技支撑、科技含量高的技术密集型农业，规模经营和高劳动生产率的集约农业，贸工农一体化、产业化经营的全产业链的农业，资源节约、环境友好、可持续发展的生态农业，政府给予强大支持和依法保护的基础产业。

我们认为，全面体现上述方面的基本特点、文化特质、时代特征和一般特性，才能够准确把握和透彻理解我国农业现代化的中国特色。

二、中国特色农业现代化道路的科学内涵与基本特征

我国这种“大国小农”的特殊国情、农情，决定了我国农业现代化发展模式不能照搬照套国际上的现成的经验和模式，而必须坚持博采众长、集成创新、另辟蹊径的思路，以此为指导，按照从实践中来到实践中去的群众路线的工作方法，在系统总结借鉴国内外成功实践经验的基础上，寻求符合中国国情、农情的现代农业发展

的模式和路径。时任浙江省委书记习近平在2003年就审时度势地提出了把高效生态农业作为农业现代化的目标模式，2007年3月《人民日报》刊发了习近平同志的署名文章《走高效生态的新型农业现代化道路》。经过十多年的建设和实践运行，浙江高效生态的现代农业发展取得了非常好的实践效果，实现了农业综合生产能力、农业市场竞争力和农业经济效益、生态效益、社会效益的同步提高。

实践证明，高效生态农业的目标模式既符合我国人多地少、人均农业资源稀少的国情农情，也有利于实现农业增产增效、农民增收致富，同时顺应了农业绿色化、生态化的时代潮流，完全符合"高产、优质、高效、安全、生态"的农业发展要求，对全国具有普遍的指导意义和引领作用，如上海、山东、河南许多市县也都先后提出了发展高效生态农业的目标思路。综合分析上述各种创新实践模式，我们认为，可以把高效生态农业作为中国特色农业现代化的目标模式。

作为中国特色农业现代化目标模式的高效生态农业，就是以保障绿色安全农产品有效供给和农业劳动者增收致富为双重目的，以集约化家庭经营与产业化合作经营相结合的新型双层经营体制为基本经营制度，以提高农业综合生产能力、市场竞争力和可持续发展能力为核心目标，采取科教兴农、以工促农、以德务农、以法护农的综合手段，采用技术密集、劳动密集和生态循环相结合的技术路线，兼有高投入、高产出、高效益特征的可持续发展的现代农业。这一模式既不同于偏重高投入高产出的集约石油农业，也不同于偏重维护自然生态平衡、放弃高投入高产出目标的自然生态农业，它既体现现代农业的一般特性，又反映中国特色现代农业的特殊性。

把高效生态农业作为中国特色农业现代化道路的目标模式，这是借鉴世界农业发展的一般经验，同时从我国“大国小农”的基本国情、农情和面临的世界发展潮流趋势出发所作出的必然选择，也是对我国原有的以农业水利化、电气化、机械化、化学化为主要内容的农业现代化道路的“扬弃”。具体来说，就是要坚持以科学发展观为统领，走经济高效、经营集约，产品安全、功能多样，资源节约、环境友好，技术密集、文化富集，精耕细作、精深加工，以工促农、以城带乡，人力资源优势得到充分发挥的高效生态的新型农业现代化路子。

经济高效、经营集约。就是要通过综合性的改革措施、技术措施和政策措施，实现农业经营从粗放经营到集约经营的转变，实现农业的高产、优质、高效，整体提高农业的劳动生产率、土地产出率和投资收益率，发挥农业主导产业的比较优势、功能多样化优势、科技文化支撑优势，使农业成为市场竞争力强、增收致富能力强的集约经营的高效产业。

产品安全、功能多样。就是体现农业要走绿色发展和多功能拓展路子的要求，以绿色安全优质农产品引领市场，形成从农田到餐桌全过程的农业标准化和农产品质量安全保障体系，建立农产品市场准入和可追溯制度，确保农产品和食品安全。同时，不断拓展农业多种功能，充分发挥现代农业的保障食品供给、提供工业原料、美化人民生活、农民就业增收、传承优秀文化、涵养生态环境等多种功能。

资源节约、环境友好。就是要按照建设资源节约型、环境友好型社会的要求，从我国人多地少、农业资源短缺的实际出发，走农业资源节约使用、循环利用、综合开发之路，积极推广各种资源节约型生产经营模式，大幅度地提高农业资源的利用率。同时，按照人与自然和谐发展和注重农业生态环境保护的要求，大力推广生态农业、循环农业、精准农业的节水、节地、节能、节本的技术，推进农业标准化清洁生产，加强农业污染治理，强化农业的生态功能，全面改善农业的生态环境，推进农业节能减排，实现农业的可持续发展。

技术密集、文化富集。就是要充分发挥科技第一生产力和文化软实力对现代农业的支撑作用，全面提高农业的科技含量和文化含量，给现代农业插上科技和文化两个腾飞的翅膀。要以现代农业科技创新提升农业经营发展水平，提高农业的科技含量和农业的科技贡献率，使科技进步成为农业增长的主动力，建立强有力的科技研发和推广体系。要充分拓展农业传承文化的功能，积极挖掘农业经营中的文化因素，传承以德务农的优良传统，弘扬道法自然的农耕文化，以文化软实力和人文精神来全面提升农业的市场竞争力，大力实施农业品牌化战略，大力提升农民的人文道德素养和科技素养。

精耕细作、精深加工。就是要从中国人多地少的实际出发，充分发挥历久弥新的精耕细作的优良耕作制度的传统，形成劳动密集型与技术密集型、生态环保型相结合的农业技术路线，创新耕作制度、养殖方法，实现传统农艺与现代科技完美结合，全面提升农作农艺水平和提升农机作业水平。同时，要按照现代产业的发展趋势，促进农业从第一产业向第二、三产业的延伸，大力发展农产品精深加工业和现代农产品物流业，全面提高农业的多次加工增值的能力，实现生物化生产与工业化加工的有机结合。

以工促农、以城带乡。就是要按照新型工业化、信息化、城镇化与农业现代化同步推进的根本要求，建立完善工业反哺农业、城市带动农村的体制机制，通过加快农业剩余劳动力的转移和农业转移人口的市民化以及农业资本技术对农业劳动力的替代，实现农业耕地减少与耕地建设投入的增加相协调，全面提高农业的有机构成，增强工业化、城镇化、信息化对现代农业的带动力和促进力。同时，使现代农业水平的提高为工业化、城镇化水平的进一步提升创造条件，形成"四化"的良性循环。

人力资源优势得到充分发挥。这是新型农业现代化路子中必须体现的最核心的要求和特点，也是由中国人口特别多、人力资源特别丰富的国情所决定的。这就要求我们在农业主导产业的发展、农业产业结构的调整、农业的多功能拓展、农业技术路线的选择上，在农业国际化和农产品国际贸易格局中，充分考虑中国人多地少的基本国情，切实发挥我国农业劳动力多的比较优势，把劳动密集型与科技密集型相结合的农业精致产业作为我国农业的优势产业，不断提高农业资源和农业产业链的就业容量。全面提升农业劳动力整体素质，使有文化、讲道德、懂技术、会经营的年富力强的新型农民成为现代农业的经营主体，使我国人力资源优势在现代科技强有力的支撑下得到更高层次的发挥，成为我国农业在国际竞争中的最有效的比较优势。

三、推进高效生态的新型农业现代化的战略思路

推进高效生态的新型农业现代化是一个庞大的系统工程，现代农业是与现代工业和现代服务业协调发展的现代产业，其发展需要内部机制的创新和外部环境的改善，需要资本、智力的全面投入和政策的全面支持。具体来说，浙江省在实践中重点构建了以

下九大支撑体系。

（一）构建集约化家庭经营与产业化合作经营相结合的新型农业双层经营体制

针对我国农户数量多、户均经营土地不到半公顷以及经营规模过小的农业经营体制上的特殊农情，在以“大国小农”为基本国情、农情，以高效生态为基本目标的中国特色农业现代化道路的进程中，必须把实现传统的农业家庭经营向现代家庭经营的转型升级、提高农业组织化和社会化服务的水平作为首要任务，在保持农村基本经营制度长期不变的基础上，创新农业的双层经营体制。

根据邓小平提出的关于农业“两个飞跃”的论断和党的十七届三中全会提出的农业经营体制需要有“两个转变”，即家庭经营要向采用先进科技和生产手段的方向转变，增加技术、资本等生产要素投入，着力提高集约化水平；统一经营要向发展农户联合与合作，形成多元化、多层次、多形式经营服务体系的方向转变的战略思路，农业生产经营体制的再创新必须按照“扬弃”的哲学理念、集成创新的思路和多元杂交的方法，从整体上对原有的农户与村集体的农业双层经营体制、龙头企业与农户的产业化经营和农民之间专业合作的合作服务体制进行系统的整合、重组，致力于构建集约化家庭经营与产业化合作经营相结合的新型农业双层经营体制，力求打破原有农业双层经营体制的村社区的封闭性、局限性，克服原有农业双层经营体制中家庭经营细小粗放、集体统一经营服务乏力、龙头企业产业化经营利益矛盾突出、农民专业合作社弱小单薄的缺陷，把原有的农业双层经营体制与新兴的农业经营服务模式进行对接整合，从而解决家庭经营小农户与大市场难以有效对接的根本问题，实现农业生产经营方式的根本转变，形成符合中国国情的农业家庭经营的优越性、产业化经营的优越性和专业合作经营的优越性叠加，最终构建由集约化的家庭生产经营与产业化的合作服务经营相结合的新型农业双层经营体制。重点要把握好三个关键环节：一是要对家庭经营这一层次进行完善和创新，应该把土地家庭承包长久不变的政策转化为永包制的政策，始终把农户家庭经营作为现代农业的生产经营主体形式，赋予农户永久的承包经营权，并赋予永久承包的农地以明晰的产权和用益物权，并鼓励按照自愿、有偿、依法、规范的原则，促进土地向规模经营的专业大户、家庭农场集中，不断提升农户家庭经营规模化、专业化、集约化水平；二是要对统一经营服务层次进行完善和创新，构建可以包容集村集体统一服务、龙头企业产业化经营服务、农民专业合作社合作经营服务等多种服务主体和服务功能于一体的新的农业经营服务层次；三是要对原有的企业主导的农业产业化经营进行改造和完善，探索由企业主导的产业化经营向合作主导的产业化经营转变的有效途径。

（二）构建主导产业集群化与三次产业融合化相结合的新型农业全产业链体系

按照高效生态的目标要求，推进农业产业结构的战略性调整，形成有利于实现农业综合生产能力最大化和经济效益、社会效益、生态效益相统一的农业产业体系，是中国特色农业现代化进程的一项中心任务。具体来说，就是要致力于解决现有农业产业体系中存在的布局分散化、农户兼业化、产业结构低层化、区域产业结构同质化以及贸工农、产加销环节联系不紧密等突出问题，加快农业产业结构的转型升级，整体推进农业生产结构、品种结构、产业结构和区域结构的调整优化。要根据各地的农业资源禀赋、产业基础和市场需求，积极培育具有比较优势的主导产业，按照区域化布局，培育现代农业的产业集聚区和优势农业产业带。同时，要按照现代农业多功能和“接二连三进四”的产业发展趋势，拉长农业产业链，提升农业价值链，形成主导产业优势明显的产业集群化与贸工农一体化的新型农业产业体系。具体要把握三个重点：一是要以保证国家粮食安全为前提，调整优化农业产业布局，形成农业主导产业集聚区和优势农业产业带；二是要按照三次产业融合发展的目标要求，构建横跨一、二、三产业的现代农业全产业链体系；三是要大力拓展农业的多种功能，加快发展新型农业业态。

（三）构建园区化设施化与水利化生态化相结合的新型农田基础建设体系

针对我国长期以来所形成的农村中户户承包经营农田所带来的农田“细碎化”、农田水利设施老化以及农业基础设施不配套等问题，必须把农田整治和农田水利基础设施的配套建设作为推进农业现代化的最重要的基础工程来抓。必须把农业区域布局的优化、农业产业结构调整与农田整治建设结合起来。我们要借鉴工业化进程中以经济开发区、工业园区建设来促进工业产业集聚化发展和工业转型升级的经验，把以农田水利整治和农业园区化建设为载体的农田水利环境基础建设作为推进中国特色农业现代化的最重要的基础支撑工程来抓。具体来说要加强三方面建设：一是要大力加强农田水利配套化建设，把建设旱涝保收、稳产高产的基本农田为目标的农田水利基础设施配套作为现代农业建设的基础工程；二是要大力加强农地园区化设施化建设，把农业区域化布局与高标准农田建设、土地整治、水利配套建设、农业生态环境建设紧密结合起来，形成农业园区化、水利化、生态化有机结合的农田水利基础建设体系；三是要大力加强农业生态环境精美化建设，把农业生态环境精美化建设摆到现代农业建设十分重要的位置。

（四）构建产学研与农科教相结合的新型农业科技创新服务体系

要从科技是第一生产力的认识出发，把提升农业科技创新能力和科技成果转化率作为现代农业发展的主动力。针对我国农业科技创新不足、农技推广服务体系不健全的突出问题，要把构建新型农业科技创新与推广服务体系作为中国特色农业现代化的一项关键任务。要坚持把农业科技进步摆到更加突出的位置，大力增强农业科技创新能力，加快科研体制改革，从解决农业科技创新能力不足以及科技成果转化率不高、农技推广“最后一公里”脱节等问题着手，不断增强科技自主创新能力，打造科技创新平台，组建科技创新团队，加快科技成果转化，改革农技推广体制，提高基层农技服务水平和农民科技素质，着力构建产学研一体化与农科教一体化相结合的新型农业科技创新服务体系。具体要抓好四个关键性工程：一是要大力实施农业科技攻关工程，切实增强我国农业科技研发和创新能力；二是要大力实施农业科技推广工程，把农业科技推广服务体系的建设作为农业公共服务体系建设的最重要工程来抓，进一步深化农业科技推广体系的改革，努力构建产学研、农科教相结合的，能够提供多层次、多领域的农业科技服务的农技推广服务体系；三是要加强农业教育培训，全面提高农民科技素质，提高农业劳动者素质和培育现代农业经营主体是解决先进适用技术推广，促进农业科技成果进村入户的有效机制和办法；四是要大幅度增加政府对农业的科研投入。

（五）构建信息化与农业机械化相结合的农业现代装备体系

从以农业信息化来促进农业现代化是新型农业现代化的一个

显著特色的最新规律出发，针对当前农业信息化、智能化、机械化和设施化水平与现代农业发展的要求严重不适应的问题，把推进农业信息化、智能化和农业机械化、工厂化作为推进中国特色农业现代化的一项战略任务。要抓住我国信息化时代已经到来的契机，把推进农业信息化、智能化与农业机械化、工厂化紧密结合起来，以农业信息化的融入实现农机设施向智能化的方向发展，形成信息化、机械化、电气化、设施化有机融合的农业设施装备体系，实现农业机械设施、装备水平的跨越式发展。具体来说要抓好三个环节：一是农业的机械化、设施化、工厂化一定要从国情、农情出发，在农业机械的研发设计和推广上，体现节能节本、经济高效和一机多能的特色；二是要把农业信息化、智能化与农业机械化、设施化紧密结合起来，提高农业信息化水平；三是要从我国农业区域差异性特别大的实际出发，探索适合我国不同农业类型地区的农业信息化、机械化的路子。

（六）构建高绿色安全性与高品质相结合的新型农产品质量安全保障体系

从确保农产品的质量安全、坚持走绿色发展之路是发展现代农业的必然要求的时代趋势出发，针对我国农产品质量安全事件频发、农产品质量安全形势堪忧的突出问题，要把完善农产品质量安全保障体系建设作为中国特色农业现代化的必不可少的支撑条件和一项十分紧迫的重大任务。要根据当前我国农产品和食品质量安全监管处于多头管理的状况，农产品质量安全水平的实际情况和城乡居民对农产品质量安全要求日益提高的要求不相适应的实际，深入推进农产品和食品质量安全服务体系改革，坚持以抓生产源头的监管和消费市场的终端监管为重点，整合多部门的监管力量，强化农产品质量安全监管综合协调，建立农产品生产和食品生产的可追溯制度，完善从农业生产者到农产品经营者和食品加工企业的诚信体系，构建集质量安全立法、执法、综合协调、溯源于一体的新体系，形成从田头到餐桌的全程安全的农产品质量安全保障服务体系。具体要抓好四项工作：一是要深化农产品质量安全监管体系改革；二是要完善农产品质量安全监管的政策法律法规；三是要建立健全社会诚信体系；四是要强调以德务农，使农业生产者都具有良好的农业职业操守，做到用良心种粮食，用善心做膳食。

（七）构建组织化物流化与规范化有序化相结合的新型农产品市场流通体系

从开放的农产品市场、发达的农产品物流体系和高度组织化的农业生产经营体系也是现代农业必不可少的支撑条件的规律性出发，根据当前农产品市场价格波动大、产销无序的严峻形势，把构建新型的农产品市场流通体系作为推进中国特色农业现代化的一项十分紧迫的任务。要坚持市场流通体系建设与提高农户生产经营流通的组织化程度两手抓的思路，进一步改善全国统一的农产品市场物流体系，充分利用现代信息技术手段，改造提升农产品批发市场和农贸市场的建设水平和功能，大力发展农超对接、农产品电子商务、连锁配送、期货交易、现货拍卖等新型农产品流通业态。同时，要致力于提高农户进入市场的组织化程度，大力发展农业产业化经营、专业合作经营，引导农户组织起来进入市场流通，畅通区域间农产品流通渠道，促进农产品跨地区的市场化流通，推进“北粮南调”“南菜北运”“西果东输”，促进全国性和区域性农产品流通市场的建设和建成，增强农产品的供需稳定性。具体要从三方面加强这一体系建设：一是要完善全国统一规范的农产品市场体系，从完善农产品生产流通、市场运行的政策法律体系的建设和多层次的农产品市场体系建设入手，建立和完善全国统一规范的、便捷高效的多层次农产品市场体系；二是要大力发展现代农产品新型流通业态；三是要大力提高农产品生产和流通的组织化程度。

（八）构建资源合理利用与环境科学保护相结合的新型农业资源环境保护体系

要从我国是一个农业资源稀缺和农业生态环境脆弱的农业大国的实际出发，按照建设资源节约型和环境友好型社会的目标，把推动农业资源利用方式的转变，加强农业生态环境的保护作为现代农业可持续发展的重要基础工程来抓。要坚持一手抓农业资源的节约利用、集约利用、综合利用和永续利用，一手抓农业生态环境修复和保护，并且要使这两方面的工作有机地统一起来，从农业种养业生产方式的转变、农作制度的创新、农业产业结构的调整优化、农业废弃物的综合利用、农业面源污染的治理及农业土地资源、水资源和森林资源保护等方面进行系统整合，并依靠政策和法律引导尽快形成资源合理利用与环境科学保护相结合的新型农业资源环境保护体系。具体要做好三方面工作：一是要依法加强对基本农田、农业水资源和林业资源、农业生物资源等的保护；二是要把土地、水资源的节约利用、集约利用摆到更加重要的位置上；三是要把发展高效生态林业，优化丘陵山区和草原牧区的生态环境作为农业可持续发展的重要基础工程。

(九)构建政府有力政策支持与有效法律保护相结合的新型农业政策法律体系

从现代农业是必须由政府加以政策支持和保护的基础产业与政府的政策法律手段是支撑现代农业发展最有力的保障的实际出发,针对目前我国农业发展中政府投入不足、农业公共服务体系不全、农业法律保护不力等突出问题,把建立健全农业政策法律保障体系作为推进中国特色农业现代化的最为重要的保障工程和支撑体系。从我国已进入以工促农、以城带乡的发展新阶段的实际出发,加快建立以工促农、以城带乡的长效机制,把农业公共服务体系建设作为重大的民生工程和重要的政府公共服务职能,加大政府在建立农业保险、信贷制度、粮食生产和农机直补制度等方面的投入力度,强化农业立法和执法,形成政府宏观管理科学与政策支持的农业政策法律保障体系。具体要实现三个转变:一是要加快转变政府职能,切实强化政府农业公共服务职责;二是要加快转变农业发展方式,切实优化农业投资创业环境;三是要加快转变涉农部门的职能,切实增强服务现代农业的意识和能力。

第三节　把小农纳入现代农业发展轨道的创新探索

中国是一个农民占人口大多数,小农家庭经营为农业主体经营方式的发展中大国。中国地域广阔、人口众多、人多地少和农民占人口大多数的农业大国、“大国小农”的基本国情和小农农业特征,决定了中国小农发展在中国农业发展乃至整个中国经济社会发展中都具有特别重要的地位。中国自封建社会以来的 2000 多年的历史表明,小农稳定发展是中国经济社会稳定发展的基础磐石。其间每一个朝代的兴衰更替都与小农的稳定与否有直接的相关性，可以说"小农安则国泰民安，小农富则民富国强"。新中国成立以来的曲折发展历程也证明了这一规律性。

新中国成立后普遍实行"耕者有其田"的土地改革，使中国小农普遍获得了自有土地，成为独立经营的自耕农，使得被战乱重创的中国农业和国民经济得到迅速的恢复。但是，20 世纪 50 年代后期国家实行高度集中的计划经济体制和过急的农业集体化与人民公社化运动，取消了农户家庭经营，再加之实行城乡分割的二元经济社会体制，使得中国的农业和国民经济发展遭到严重挫折。1978 年召开的中国共产党十一届三中全会，拨乱反正，恢复了实事求是思想路线，尊重和支持了中国农民要求包产到户和恢复家庭经营的改革诉求，普遍推行了农业家庭联产承包经营制改革，并以此为契机开启了中国市场取向的改革开放和向社会主义市场经济转型的历史新进程。重新获得农业生产经营自主权和自由发展家庭经济权的中国几亿小农重新焕发出发展生产力的蓬勃生机活力，并且随着中国市场化改革的逐步深化和工业化、城镇化推进，中国小农也通过自身的创造性改革实践探索，逐步获得了自由发展市场农业和参与工业化、城镇化发展的权利。以发展乡镇企业、家庭工业、民营企业，建设小城镇和进城务工经商办实业等形式，推动了小农的分工分业和在一、二、三产业广阔领域创业就业，率先在农村掀起了大众创业、万众创新的热潮，使中国小农历史性地成为推动中国改革开放和市场经济发展的一个最有贡献性的社会群体。创造出了一种以占人口大多数的农民为主力军，以农村市场化、工业化、城镇化为先导的中国特色的大众市场经济和工业化城镇化的新模式，也使得中国创造出了世界领先的发展速度，也创造了以占世界7%的耕地解决了占世界将近20%人口的吃饭问题的农业发展奇迹，并使中国跃迁为世界第二大经济体。新中国成立至今这段曲折而又辉煌的发展历程，又一次显示了中国小农的伟大创造力。印证了“小农兴则中国盛”的历史规律。这一历史经验表明，在一个小农占多数的发展中国家，执政党和政府只有摆正小农在国家发展中的主体地位，赋予小农自由全面发展的权利，创造小农自由全面发展的社会环境，才能实现国家经济强盛稳定和向现代化的跃迁。

浙江是一个典型的人多地少、小农在农业生产中占主体地位的省份，改革开放以来，浙江积极探索出一条注重提升小农优势和竞争力，实现小农生产经营现代化的成功之路。特别是进入21世纪以来，习近平同志在全面分析浙江资源禀赋和经济社会发展水平的基础上，作出了发展高效生态农业的决策，把发展高效生态农业定位为浙江现代农业建设的目标模式，摆到新农村建设十大目标任务之首。这是一个正确的战略选择，是中央强调的建设现代农业在浙江的具体实践。我们把高效生态农业定义为以绿色消费需求为导向，以提高市场竞争力和可持续发展能力为核心，兼有高投入、高产出、高效益与可持续发展的特性，集约化经营与生态化生产有机耦合的现代农业。这一定义既体现了现代农业的一般特性，又反映了人多地少发达地区农业发展的特殊性；既符合中央的要求，又切合浙江的实际。按照中央关于建设现代农业的具体部署，浙江建设现代农业的总体思路和要求是：坚持用科学发展的理念引领农业，依靠科技创新和体制创新推动农业增长方式转变，大力培育专业化、规模化、产业化的现代生产经营主体，积极推广集约化、标准化、生态化的生产模式，着力构建信息化、多元化、社会化的新型服务平台，做优做强区域化、特色化、品牌化的主导产业，全面推进园田化、水利化、机械化的现代农业基础设施和装备建设，大幅度提高农业的土地产出率、劳动生产率和市场竞争力，推动农业全面走上新型农业现代化的路子。浙江由此探索出了一条适合“大国小农”基本国情的，实现小农生产经营高效生态的新型农业现代化的成功之路。概括起来有以下三方面经验启示。

一、注重发挥小农的特有优势和竞争力

在小农逐步实现传统农业向现代农业演进的历史进程中，如何以辩证“扬弃”和与时俱进的哲学思想，传承与发展中国小农的传统优势，并使之与现代农业发展模式相融合，这是小农经营具有持久优势和竞争力的核心之所在。小农经营几千年的长盛不衰和在改革开放新时代中所表现出来的全新的竞争力，使我们对小农的优势及其小农发展的引导政策有了更深刻的理解。

首先，我们增强了对小农家庭经营适合中国国情和中国农业生产力发展要求的认知和信心。实践证明，农户家庭经营这一模式最适合于具有自然再生产和经济再生产相交织特点的农业生产。实行农业计划经济和取消家庭经营的农业集体化与人民公社统一经营模式，既不符合农民意愿，也不适合农业生产的实际。改革开放后的家庭联产承包责任制改革之所以卓有成效，最重要的就是恢复了农户家庭经营在农业生产中经营主体的地位，并取消农业指令性计划，放开农产品价格，把农业生产纳入市场经济发展轨道。

其次，是要充分发挥小农传承千年农耕文化的软实力和提升精耕细作农作制度的竞争力。中国农业发展历史悠久，农耕文化历久弥新。中国农耕文化是中国优秀传统文化之源，道法自然、精

耕细作的农作制度则是农耕文化在农业生产方式上的全面体现。千年传承的中国农耕文化的影响力涵盖中国农业发展的各个方面，是中国小农千百年来生生不息的文化基因。中国农耕文化中蕴含的天人合一、道法自然的农事理念，巧用资源、精耕细作的农作制度，崇学勤俭、慈善孝悌的农家诫训，集村聚居、社区互助的农村价值，以农为本、先农重农的农本思想，这些农耕文化与价值理念薪火相传，已深深扎根并潜移默化影响中国小农乃至中国社会各个方面，成为中国小农的文化软实力。特别是那种因地制宜、巧用资源、精耕细作的农作制度，成为农业资源稀少的中国小农依靠自己的勤劳智慧获得生存发展的法宝。这种农作制度历久弥新，在发展过程中不断地吸纳新的生产要素和科研成果，农地产出率和农业资源利用率不断创出新高，使人多地少、人均土地资源匮乏、气候地理复杂多样的中国农业找到了充分发挥劳动力众多优势，弥补农地资源短缺的发展之路，成为中国依靠自身资源解决好十几亿人口吃饭问题的关键因子，也成为中国农业和小农的核心竞争力。

中国农耕文化中还蕴含着博采众长和与时俱进的开放包容精神。2000 多年来中国小农既不断地驯化利用野生生物资源，又不断采用从世界各地引入的新农作品种和先进实用技术，诸如玉米、马铃薯等高产粮食品种的引进与广泛种植，并且能够从中国的地理气候条件和社会环境条件出发实行本土种养，使得中国农业产业和农产品能够不断地优胜劣汰，从中优选出更符合当地实际和时代需求的新的优良品种和优势产业。中国小农的这种包容性、开放性、创新性的理念使得其不会落后于时代的发展，且能与时俱进地跟上时代发展步伐，并与世界农业发展潮流相融合。可以说，这也是中国小农在今后的发展中不会落后于世界发展潮流的很重要的竞争力。

二、致力于促进小农生产经营的现代化

浙江在改革开放的新历程中逐步找到了一条与社会主义市场经济体制相适应的具有中国特色的小农走向现代化的道路。概括起来，就是探索出了一条从解放小农、改造小农到赋权小农、转化小农、提升小农的小农生产经营现代化之路。

"解放小农"就是在新中国成立之初实行"耕者有其田"的土地改革，废除了封建土地制度，把中国小农从封建地主的剥削制度中解放出来，让亿万农户获得了自有的土地，免除了沉重的地租负担，解除了佃农对地主的人身依附关系，获得了身份上和经济上的独立，并成为中国农业发展的主体力量。这一解放小农的土地改革极大地调动了广大农户发展农业生产的积极性，为 20 世纪 50 年代初新中国农业生产力的快速恢复和发展创造了极为重要的政治经济和社会环境条件。20 世纪 70 年代末开始实行的家庭联产承包责任制和城乡综合配套改革，可以说是对中国小农的又一次解放，就是小农从计划经济体制、人民公社化体制和城乡二元经济社会体制中解放出来，又一次激发了中国小农活力。

"改造小农"就是针对当时土地改革之后小规模分散经营的小农户投入生产财力严重不足，生产力水平低下，在发展农业过程中出现了生产能力差异和贫富差距扩大的问题，也出现新的土地买卖，一部分贫穷农户出卖土地重新沦为无地户。针对这种状况，中国政府提出了以合作制来改造和扶持小农发展的重大命题，强调要通过合作和联合的方式逐步引导中国小农发展与国家工业化的要求相适应。在这一改造小农的过程中走过了一段曲折的路程。

1952年开始的农业互助合作的政策与方向是正确的，就是在尊重农户意愿和独立财产权益的基础上，建立农业生产互助组和农业生产初级合作社以及农村供销合作社和信用合作社。但是后来受苏联集体农庄和实行计划经济体制的影响，取消了农户家庭经营，一阵风地过渡到土地集体所有制和生产统一经营的农业高级社和人民公社。试图通过这种生产关系的极速改造，为农业大规模机械化、现代化生产创造条件。后来实践证明这种不尊重广大小农意愿、取消农业家庭经营的改造方式是失误的，导致了中国农业生产力发展的严重曲折。改革开放后，中国政府纠正了这一失误，尊重农民意愿，普遍实行家庭联产承包经营，废除人民公社体制，重新恢复了小农家庭经营在中国农业生产中的主体地位，并结合社会主义市场经济体制的建立，重新探索一条尊重小农意愿和市场经济规律的改造小农、提升小农的改革发展之路。

“赋权小农”就是在普遍实行农业家庭联产承包责任制和实行市场经济体制之后，中国政府进一步推进市场化改革，采取尊重农民创造和渐进式改革的路径，逐步放松了对农民的城乡分割的户籍、就业、创业的管制，逐步地赋予了农民自由全面发展的权利。取消了农业指令性计划与价格管制和以粮为纲的政策，赋予了农户按市场需求自由发展种养业和多种经营的权利。同时，又逐步赋予了农民可以利用集体土地发展乡镇企业和民营经济的权利，赋予了农民在城乡间自主创业和就业的权利。这种以“赋权小农”为特征的改革，使中国小农历史性地获得了自由而全面发展的各个基本权利。为中国小农突破单一农业生产经营，转移大量的农业剩余劳动力，为主动参与国家工业化、城镇化进程，共享工业化、城镇化发展成果，提供了良好的政策与社会环境。

“转化小农”就是针对中国小农人口众多、人均农业资源太少、经营规模细小、农业劳动就业严重不足、农村劳动力大量剩余的现实情况，确立了减少小农才能发展小农和富裕小农的战略新思路，并且在总结各地农民自发创造的转移农村劳动力和就地发展农村工业以及建设小城镇、发展专业市场等创新实践的基础上，形成了一手抓小农转移转化、一手抓小农农业经营规模化现代化的“两手抓”的方法路径。逐步探索出了一条主要依靠农民自主创业就业和就地就近参与工业化和城镇化的转移转化农村劳动力的新路子。从而使得以农民为主体的农村工业化和城镇化道路彻底改变了中国城乡经济格局，形成了以农民非农化、农村工业化、城镇化快步推进国家工业化和城镇化的发展新格局。在乡镇企业、家庭工业、民营经济和小城镇，专业市场快速发展的浙江等经济发达沿海省份率先兴起了以小农(农民)为主体的大众创业、万众创新的热潮，形成了百万能人创业创新，带动千万农民转移就业致富的新机制，由此形成了大众市场经济发展新模式。这种以亿万中国小农自主创业创新和转移转化为主要动力和特征的市场化、工业化和城镇化推进为主线的发展格局，客观上就形成了一种以占人口大多数的农民大众为创业创新闯市场的主体力量的大众市场经济的发展新模式。这种新模式的要义是以民为大、以农为重、大众创业、万众创新、市场民营、城乡统筹、共创共富。当地政府也由此形成了“人民大众创业创富、人民政府管理服务”“人民大众创造财富、人民政府创造环境”的发展理念与运行机制。这种从农村和中国小农大众转移转化起始，进而延伸到城乡更广阔领域和群体的“大众创业、万众创新”的发展机制以及人民大众创造财富、人民政府创造环境的运行规则，形成了中国特色的大众市场经济的新模式,这也是中国亿万小农得以迅速转移转化的最重要的体制改革因素。

"提升小农"就是在农村劳动力快速转移和务农小农数量大量减少的情况下,中国政府同步采取了推动中国小农生产经营规模化、专业化、集约化和现代化的政策引导措施。21 世纪以来,中央政府提出了统筹城乡发展的战略方针和新型工业化、城镇化、信息化和农业现代化"四化同步"推进的战略思路,把加快发展农业现代化进程放到了更加突出的位置。并且制定了以促进土地流转,加快培育规模化、集约化的专业大户和家庭农场为重点,以发展农业产业化合作经营和社会化农业服务组织为支撑,推进小农生产经营现代化的新路径。从全国各地特别是沿海发达地区的实际情况来看,已经出现了这种加快提升小农现代化经营水平的新趋势。如浙江省 2014 年农户承包土地流转率已经超过 50%,经济发达县已经超过 80%,规模化经营的种粮大户和家庭农场的平均规模超过了 100 亩,其面积已占到全省粮田面积的 70%,粮食生产全程机械化率达到 80%以上,蔬菜、水果种植和畜牧养殖业也实现了以专业大户和家庭农场为主的格局。从总体上来看,已经初步形成了规模化、专业化、集约化农户家庭经营与农业产业化合作经营相结合的新型农业双层经营体制,走出了提升小农和小农生产经营现代化的成功之路。

三、发挥政府在改善小农发展环境中的主导作用

从浙江小农发展的实践来看,要实现农业稳定而又持续地发展,必须依靠三方力量的推动:一是有赖于小农家庭经营主体地位的牢固确立、主体积极性的有效激发和主体性作用的充分发挥;二是有赖于市场机制在农业产品供需对接和农业资源配置中的决定

性作用的有效发挥；三是有赖于政府在营造小农发展的良好经济社会环境中的主导作用和服务功能。其中，政府主导作用的发挥要有利于市场决定性作用，有利于小农生产积极性的充分激发。要弥补市场失灵，帮助解决小农自身难以有效解决的问题，促进小农自由而全面的发展。概括起来，政府在改善小农发展环境中的主导作用，集中体现在以下六个方面。

一是牢固树立“先农、重农、敬农”的发展理念。农业作为最古老的、为人类生存发展提供衣食之源的基础产业的地位，不会因工业化、城镇化、现代化水平的提升而改变。从中国几千年的历史来看，农业兴、小农富则天下稳，农业衰败、小农贫弱必然带来天下大乱。因此，从新中国成立之时起，中国政府就把发展农业、富裕农民作为立国之本，并且要始终如一、不可动摇。20 世纪 50 年代后期到 70 年代末的中国经济社会发展的挫折，正是因为当时政府政策上把国家工业化放到重中之重的位置，暂时牺牲农业发展和农民利益来推动国家工业化，其结果是欲速则不达，工业上不去，城市兴不起，农业强不了，农民富不了。改革开放以后，国家重新摆正了农业在国民经济中的位置，赋予亿万小农自由全面发展的权利，重新把解决好农业农村农民问题作为政府全部工作的重中之重，并实施一系列强农富农惠农的政策，为农业和小农的发展创造了十分有利的社会环境，从而迎来了长达 30 多年的高速发展，创造了世界经济发展的奇迹。

二是以改革创新创造小农发展的良好制度环境。在发展经济学一般理论中，制度创新占有很重要的地位。根据制度变迁的不同动力因素，在理论上又区分为诱致性制度变迁和强制性制度变迁。中国改革开放中形成大众市场经济发展模式，体制改革和制度创新起到了极其重要的作用。具体来说，这种制度创新又表现为以民本自发的诱致性制度变迁为先行先导，政府自觉的强制性制度变迁配套跟进的制度变迁路径，在改革发展实践中，诱致性制度变迁与强制性制度变迁按一定次序共同推进了各领域各项制度创新，使得本来十分复杂、阻力巨大的制度创新得以较快地实现。这也说明我们在改革发展中坚持尊重农民首创精神，鼓励农民大众和基层大胆闯、大胆试、大胆干，允许试错的方法是十分有效和正确的。中国小农敢为天下先的创新精神与各级党委政府善于总结推广基层新创经验的实事求是精神和求真务实的工作方法达到了完美的结合，这也是农村改革发展始终能走在前列的重要因素。改革发展各个阶段、各个领域的制度创新都贯穿着解放思想、实事求是、与时俱进哲学思想的指导作用。在土地制度、产权制度、户籍制度、劳动就业制度、社会保障制度、乡村治理制度、金融制度、行政管理制度等各种方面的制度创新都有独特的经验，都体现基本政策的统一性和具体方法的灵活性的统一。

三是走以农民创新创业为动力的大众市场经济发展之路。改革开放以来，浙江小农和农业的发展取得举世瞩目的成就，一个很重要的原因是政府坚持尊重农民群众的创造、坚持走市场化改革的道路，认真总结小农在实践中的改革创新经验，逐步地形成了一条以农民为主体的市场化、工业化、城市化和农业现代化的发展道路。其核心的机制是坚持以人为本、以民为大，以农为重、城乡统筹，大众创业、万众创新，走出了一条大众市场经济的发展道路。这种大众市场经济的发展模式，就是把占人口绝大多数的农民作为直接、主动地参与市场化、工业化、城市化进程的主体力量，政府为千百万农民经商办厂闯市场创造良好的政策环境，一大批有天赋的企业家人才、管理人才在农民群体中脱颖而出，形成了百万农村能人创新创业带动千万农民转产转业的良好发展机制。农村市场化、工业化、城镇化快速推进，越来越多的农民成为既有劳动收入又有资本收入和财产收入的中等收入群体。让广大农民有自信、有自尊、有自由、有自财，广大农民完全可以按照自己的意愿和能力实现自由而全面的发展。以农民主体的市场化、工业化、城镇化道路为核心的大众市场经济模式，具有鲜明的中国特色，有广泛的普适性，是值得许多农民群体占人口多数的发展中国家和地区借鉴的发展路径。

四是政府要成为农业基础建设投入的主体力量。从经济学的角度来看，农业基础设施投入具有鲜明的公共产品属性，特别是在农田水利建设，农村基础条件改善，农业机械化、电气化、设施化推进以及农业科研教育和技术推广等方面，都具有明显的公共性和公益性，这些方面的建设投入既是一家一户的小农没有经济实力做到的，也是分散的小农单独做不了的。政府在农业水利基础设施的建设和农技推广方面具有悠久的历史传统。同时，政府始终坚持把推进农业的机械化、电气化、设施化作为政府推动小农发展和农业现代化的战略性举措，始终坚持把实施种子种苗工程，构建产学研、农科教相结合的农业技术服务体系作为政府财政支农的主要方向，从而使得农业基础设施出现了持续不断的改进和完善，大幅度地降低了恶劣自然气候环境所带来的影响，全面提升了农业减灾防灾能力，为小农向现代化的转型和小农生产力的全面提升提供了非常有力的外部环境条件。

五是政府要在尊重农民意愿的基础上提升小农的合作化、组织化水平。在坚持小农家庭经营在农业中的主体地位的基础上，不断提升小农合作制和社会化服务水平，是农业走向现代化的一条必由之路。许多发达国家已经走出了这么一条路，中国作为发展中国家，也必须走好这一路子。在改革开放的新历史条件下，中国正在探索一套全新的提升小农组织化、产业化和合作发展水平的新机制。计划经济时期那种否定农业市场化发展体制，违背农民的意愿搞“一大二公”的合作经济，把合作制当作合并财产，取消家庭经营的做法，已被实践证明完全是错误的。但是农业和小农发展必须走合作和联合发展的路子，这一方向必须坚定地坚持下去。从近年来浙江的实践看，大力推动农民专业生产合作、供销合作、信用合作之间的联合，在农业产业化经营的产业链条中，引入合作经营的机制，从而把农民家庭经营的优越性、合作经营的优越性和产业化企业经营的优越性加以叠加，形成专业化、规模化、集约化家庭经营与产业化合作经营相结合的新型农业双层经营体制。这是广大小农实现从传统农业向现代农业转变的体制机制支撑。

六是政府要高度重视农业人力资本的投入。人是生产力中最活跃、最重要的因素，可以说人类社会的物质力量取决于人的精神力量，经济竞争最后的决定性因素是文化软实力。特别强调人民大众的精神作用、文化软实力的作用，也是民本发展经济学区别于一般发展经济学的重要特点。文化软实力是文化生产力在人的精神风貌、文化素质、价值追求上的体现，也包含一个民族、国家、地区的历史文化传承在现代人精神、素质和价值观念上的体现。大众市场经济强调民本的力量，就是把人民大众的精神力量转化为发展经济、推动社会进步的物质力量，就是要坚持精神文明建设与物质文明建设一起抓，形成两个文明建设相互促进、相得益彰、比翼齐飞的发展机制。新中国成立以来农业和小农的发展，之所以成就卓著、引人瞩目，与中国悠久的农业文明和农耕文化的传承有密切的相关性。可以说，千年传承的农耕文化、道法自然的农事理念、精耕细作的农作制度、勤劳勤学的农家精神、村社互助的农村价值、先农重农的农本思想，正是中国小农软实力之体现，这种文化一旦与农业的生产经营方式相结合，就可以形成中国小农的核心竞争力。因此，要高度重视人力资本投资，大力发展农村文化教育事业，广泛开展对农民大众的培训教育，全面提高农民大众的文化科技素质和文明素养，积极促进中国小农向新型职业农民的转型升级。

案例 2-1

长兴县引导小农大力发展现代农业

党的十八大以来，长兴县委、县政府将引导和鼓励小农发展现代农业作为一项重点工作，常抓不懈。推进该项工作过程中，着重在农村改革、政策扶持及工作机制等方面进行了大胆的探索和实践，取得了较好的成效。截至 2016 年底，长兴县在册农户数 157189 户，直接从事农业生产 130381 户，占总户数的 82.95%；从事二、三产业或外迁 26808 户，仅占总户数的 17.05%，说明农业是长兴县农民的主要发展产业。在从事农业的农户中，纯小农户数为 15841 户，占比 10.08%；兼业小农户 111708 户，占比 71.07%；规模大户 2832 户，占比 1.8%。在生产方式上，土地完全自己耕种的户数为 75899 户，占总户数的 48.29%；耕种面积为 251559 亩，占耕地总面积的 36%，户均 3.31 亩。而全县 2832 户规模大户的经营面积约为 35 万亩，约占耕地总面积的 50%，户均约 120 亩。由此可见，长兴县的小农生产无论在户数上，还是在经营规模上占比都较小，长兴县现代农业的集约化、规模化发展水平处于较高水平。

一、主要做法

1.规划推动。科学编制发展规划，充分发挥规划在现代农业发展中的引领作用。坚持规划先行，按照"宜农则农、宜工则工、宜商则商"的原则，在编制县域总体规划时，明确全县农业发展的空间布局。从2002年起，长兴县就开始高起点、高水平编制一系列现代农业发展系统性规划和专项规划。如，为引导农户发展规模设施农业、区域特色农业和休闲观光农业，制定了"农业510工程规划"和"农业七大特色产业发展规划"，做大做强了七大特色产业；为引导农户集聚发展，编制了《长兴县农业特色产业发展与布局规划》，形成了"一乡一业、一村一品"的发展格局；为高标准建成一批现代农业园区，制定了《长兴县农业"两区"建设135行动计划》；为创建全县首个省级特色农业强镇，编制了《长兴县吕山乡省级特色农业强镇创建规划》。特别是2014年制定的《"农园新景"实验示范带建设总体规划》，规划面积2.5万亩，总投资2.19亿元，带动规划区内100多户普通农户发展现代农业，目前已经建成为长兴版的田园综合体。

2.政策撬动。加大财政扶持力度，切实加强小农发展现代农业的政策保障。长兴县在农业投入上始终坚持只增不减的原则，在扶持对象上坚持抓大不放小，千方百计为小农发展现代农业提供政策支持。从1998年起，连续20年出台现代农业发展扶持政策，扶持资金从当初的500万元增加至目前的6500万元，并建立了稳定增长机制。据统计，近年来县财政共投入现代农业专项资金近8亿元，累计整合农综开发、农田水利、标准农田建设等项目资金20亿元以上，撬动民间投资50亿元以上。创新农村信贷担保体系，加大信贷支农力度。到2016年，全县农民信用贷款32915户、21.01亿元，“三权”抵押贷款余额达2.16亿元，农村承包土地经营权抵押贷款余额达2.11亿元，为现代农业发展提供了有力的资金保障。

3.创新驱动。全面推进改革创新，不断增强小农发展现代农业的新动能。推动产权制度改革，不断激活农村各类要素，实现“产权到人、权跟人走”。到2016年底，完成了农村宅基地使用权和农村住房所有权确权登记发证工作，并稳步推进农村土地承包经营权确权登记发证。推动大众创新创业，进一步激发农民群众的创造力与活力，充分发挥农民群众的主体作用，形成大众创业、万众创新的浓厚氛围。截至目前，全县共创建省级农业研发中心和科技企业20多家，申请涉农专利50多项；组织实施现代农业重大科技攻关和成果转化项目10多项，科技创新对现代农业发展的贡献度不断提高。如红梅产业带头人吴晓红，通过青梅嫁接红梅这一理念上的创新，催生长兴县极具特色的红梅产业。推动体制机制创新。不断拓宽工作思路，创新工作机制，用制度推动落实，以落实促进发展。如形成了“一月一节”农事节庆活动机制，进一步扩大农事节庆品牌的影响力，促进农产品销售，提高农民收入。又如，以浙江大学（长兴）国家级农业科技园为引领，健全完善“1＋1＋n”农技推广联盟体系，建成10个产业分联盟，引进推广各类新成果、新技术和新品种100多个，县校合作项目达到50余项。

4.联结带动。不断提高组织化程度，增强带动小农发展现代农业的示范作用。长兴县在发展现代农业的过程中，一直注重发挥能人效应。一名产业能人能带动一方百姓，发展一方产业，通过组建龙头企业、合作社等新型农业经营主体，将农户组织起来，实行抱团发展。“基地＋农户”“合作社＋农户”“龙头企业＋合作社＋基地＋农户”的经营模式，不断推广普及，为小农发展现代农业提供了产前、产中、产后全方位的服务。目前，全县已流转土地47万亩，流转率67％。604家合作社入社成员共计1.64万户、占纯农户的32.45％，带动农户3.83万户，核心基地面积达到18.4万亩，联结生产基地40.21万亩。150家农业龙头企业带动农户10.8万户，联结种养基地38.5万亩。如，长兴许长蔬菜专业合作社，创新“六统一分”经营管理模式，带领当地100多户普通农户发展大棚芦笋种植面积近3000亩，每亩收入达到10000元，广大农户依靠发展现代农业实现增收致富。

二、主要成效

综观长兴现代农业发展的历程，可以说和小农生产演化的过程紧密相连，密不可分。现代农业的发展促进了小农思想的转变、身份的转换和素质的提升，进而又推动现代农业加快发展，最终实现农业增效、农民增收。

1.思想加快转变。小农思想在长兴县现代农业发展进程中快速转变。改革开放以来，长兴农民在以家庭联产承包责任制为先导的农村改革中，勇立潮头，彻底破除小农思想禁锢，积极转变思想观念，加快转变发展方式，推动长兴县由传统农业大县向现代化农业强县加快蜕变。在长兴县农业现代化进程中，小农生产主体占比仅10％，取而代之的是农业企业、合作社、家庭农场、产业大户等2800多家新型农业经营主体；农业产业由以传统粮油为主，转变为以花卉苗木、商品蔬菜、名优水果等农业七大特色产业为主导，总规模突破120万亩，2016年产值达到49亿元，占农业总产值的80％以上；生产经营方式从传统模式全面向“生态化、融合化、智慧化、专业化、精品化”方向发展。

2. 身份华丽转型。小农身份在长兴县现代农业发展进程中华丽转型。长兴县一直将培育壮大各类新型农业经营主体作为发展现代农业的重点工作，积极引导小农向专业化、规模化和市场化加快转型，全面构建以农业龙头企业为支撑、合作组织为纽带、家庭农场为骨干的新型农业经营体系。截至 2016 年，全县有县级以上农业龙头企业 150 家(其中省级 8 家)，茶乾坤、艾格生物、欧蓝农业等一批农业龙头企业先后在新三板和浙江省股权交易中心顺利挂牌上市；农产品行业协会 12 个，农民专业合作社 604 家(其中国家级示范性农民专业合作社 5 家、省级 18 家)，家庭农场 403 家(其中省级示范性家庭农场 18 家)，培育新型职业农民 1328 人，使农民真正成为一个体面的职业。

3. 素质显著提升。小农素质在长兴县现代农业发展进程中显著提升。一直以来，长兴县一以贯之大力实施农民素质提升工程。聚焦特色产业，坚持市场导向，将农民培训与发展现代农业紧密结合，根据农民需求和市场导向开展专业技术培训、职业技能培训、创业服务培训及学历提升教育，造就和培育一批拥有专业技能、职业技能、创业技能的高素质新型农民。截至目前，每年开展各类培训 2 万人次以上；培育和认定有文化、懂技术、会经营的农村实用人才、农民土专家和优秀农民经纪人 1000 多人次；现代农业从业人员中专以上学历占比由原先不足 1%，大幅提升至 30%以上，一大批年纪轻、学历高的农创客、“农二代”纷纷涌现，成为长兴县现代农业发展的生力军。

4. 收入快速增长。小农收入在长兴县现代农业发展进程中快速增长。长兴县始终将农业增效、农民增收作为一切工作的出发点和落脚点。现代农业的蓬勃发展在转变小农思想、转换小农身份和提升小农素质的基础上，有力地促进了收入的不断增加，越来越多的小农加入现代农业发展大军，实现了脱贫致富的梦想。农民收入快速增长。据统计，长兴县2016年农村居民人均可支配收入为26909元，同比增长9.1%（增幅全市第一），比1978年增长88倍，比1999年增长6.8倍，比2011年（15642元）增长了约72%，年均增长11.5%。城乡居民收入差距逐步缩小，城乡居民收入之比由2011年的1.9∶1缩小到2016年的1.71∶1，好于全市1.73∶1的水平，大幅好于全省2.07∶1的水平。低收入农户帮扶成效明显，全县建立乡镇党群创业互助会总会17个、村级互助会分会237个，吸收会员1.6万多人，建成“造血式”创业孵化基地83个，累计带动3.7万农户、帮扶1560多户低收入会员走上自主创业、增收致富之路。2016年低收入农户人均可支配收入达到11592元，同比增长16.6%，低收入农户收入增幅高于农村居民收入增幅，全县家庭人均年收入4600元以下的贫困现象全部消除。

案例来源：张汉新，王金星. 长兴引导小农发展现代农业的探索[J]. 新农村，2018(6)：16-17.

案例简析 》》》

综观世界各国农业发展历程，农户家庭经营是适合农业生产的有效方式，家庭经营效率高于企业化经营主体，更能适应动植物生命周期规律，克服农业劳动监督困难，保持内在激励、合理分工、精耕细作的优势，因而具有旺盛的生命力。但不容忽视的是，全世界的小农户都存在经营规模狭小、抗风险能力弱、科技推广成本高、兼业经营普遍的趋势。长兴县引导小农大力发展现代农业的做法为“实现小农户和现代农业发展有机衔接”提供了基本经验：

提升小农户的组织化程度,推动多种形式合作与联合;推进农业的服务全程化,帮助小农户节本增效;发挥新型经营主体示范带动作用,拓展小农户发展机会;创新惠农利益分享机制,激发小农户内生活力。

本章小结

党的十六大以来,浙江已全面进入以工促农、以城带乡的发展新阶段,农业发展的宏观形势发生了变化。随着工业化、城镇化、市场化的快速推进,年轻力壮的农村劳动力大量转移到二、三产业,农业经营出现了副业化、兼业化、老龄化趋向;随着人们生活水平的提高和农产品国际国内市场竞争的加剧,农产品质量安全水平不高、农业组织化程度较低、市场主体竞争力不强的问题愈加突出。同时,农业土地资源逐年减少、水资源紧缺、基础设施薄弱、资金投入不足、生产能耗和成本不断上升等一系列问题,困扰着浙江农业的提升发展。在全面分析浙江资源禀赋、经济社会发展水平和农业发展新形势的基础上,2005 年 1 月,习近平同志指出,要充分发挥浙江省的比较优势,把发展高效生态农业作为效益农业的主攻方向。前瞻性地作出了大力发展高效生态农业的战略决策,把高效生态农业作为浙江现代农业的目标模式,提出把发展高效生态农业作为浙江发展现代农业的具体实践形式。习近平总书记关于高效生态农业的重要论述实际也是“绿水青山就是金山银山”理念的重要组成部分,它不是单纯的生态农业,而是不以生态为代价,同时又有效利用、转化生态资源的高效益农业。

走高效生态的新型农业现代化道路是根据浙江省情、农情作出的科学判断,实质上就是推动农业从弱质产业向强质产业发展,也是农业供给侧结构性改革的先行探索。2007 年,习近平同志在

《人民日报》发表了《走高效生态的新型农业现代化道路》的文章，系统阐述了走经济高效、产品安全、资源节约、环境友好、技术密集、凸显人力资源优势的新型农业现代化道路的内涵，并且从建设农业的产业体系、经营体系、服务体系以及健全政府对现代农业的支持和保护体系等方面，提出了强农的思想理论和政策框架。

思考题

1. 简述高效生态农业的内涵与特征。

2. 试述推进高效生态新型农业现代化道路的战略思路。

3. 如何促进小农生产经营的现代化?

拓展阅读

1. 习近平. 走高效生态的新型农业现代化道路[N]. 人民日报，2007-03-21(9).

2. 黄宗智. 中国的新型小农经济：实践与理论[M]. 广西：广西师范大学出版社，2020.

3. 孙景淼，林健东. 乡村振兴的浙江实践[M]. 杭州：浙江人民出版社，2019.

4. 浙江省人民政府咨询委员会. 我们的言论[M]. 杭州：浙江大学出版社，2015.

就地培养更多爱农业、懂技术、善经营的新型职业农民。

——习近平在十二届全国人大五次会议期间参加四川代表团审议时的讲话,2017 年 3 月 8 日。

第三章　中国特色社会主义新农民培育之路

本章要点

1. 新型职业农民是以农业为职业、具有相应的专业技能、收入主要来自农业生产经营并达到相当水平的现代农业从业者。新型职业农民可分为生产经营型、专业技能型和社会服务型三种类型。

2. 2018 年中央一号文件提出全面建立职业农民制度,完善配套政策体系,实施新型职业农民培育工程。其中,人才振兴的一个重要方面就是要提升农民素养。

3. 以习近平新时代中国特色社会主义思想为指导,加强新型职业农民理想和信仰的培育,提高新时代我国农民整体思想文化素质,对乡村振兴具有重要意义。

习近平同志在浙江抓"三农"工作的一个突出重点是始终坚持"以人为本谋'三农'",把培育有文化、懂技术、会经营的新型农民,实现农民的全面发展作为社会主义新农村建设的根本任务,使广大农民成为社会主义新农村建设的主力军和主人翁。他强调要让广大农民享受公平的国民待遇、完整的财产权利和平等的致富机会,实现农民的全面发展。要大力引导广大农民群众开展多形式、多领域、多层次的创业创新创富活动,实现在“游泳中学会游泳”,不断提高农民创业创富和就业增收的能力。他还提出要适应农民分工分业分化加速的新趋势,加大对农村劳动就业技能的培训教育,提高农村基础教育水平,积极推进农村免费义务教育,大力发展农村职业教育,开展以思想道德教育为主的现代国民素质教育,全面提高农民的整体素质,使转移就业的农民成为稳定的产业工人和安居乐业的市民,使农业劳动者成为现代农业的新型经营者。

第一节　培育全面发展的新型农民的创新谋划

习近平同志在浙江的“三农”工作战略部署中,培育全面发展的新型农民,增强广大农民群众创业创新就业致富能力,全面提升农民群众文化科技教育水平和人文素养方面工作占着十分重要的位置。他几乎在每年一次的农村工作会议讲话和“千万工程”现场会讲话中都要强调这项工作。尤其是在 2007 年 1 月的浙江省农村工作会议上,习近平同志就如何培育全面发展农民问题作了系统阐述,提出了一套完整的培育思路与政策举措。

一、培育全面发展新型农民的总体要求

培育能够适应分工分业要求、全面发展的新型农民,是新农村建设的核心内容和根本任务。随着工业化、城市化、市场化和国际化的深入推进和经济社会结构的深刻变化,农业生产方式变革、农民职业身份变化、农民居住环境变迁,对农民的素质要求越来越高,全面提升农民的就业竞争力、创业能力和整体素质显得越来越重要和迫切。必须把培养和造就新型农民放在更加突出的战略位

置，一方面要充分发挥浙江农民敢闯市场、敢创新业的优良传统，创造更加宽松的创业就业政策环境，发挥社会主义市场经济这所大学校的作用，让他们在市场经济的海洋中锻炼成长；另一方面更为重要的是切实加强对农民的教育培训，深入实施“千万农村劳动力素质培训工程”和农村实用人才培养计划，大力发展农村职业教育，高度重视农民思想道德建设，加快提高农民的就业技能和文明素养。

二、把到第二、三产业就业的农民培训成为有专业技能的技术工人

大量农村劳动力转移到二、三产业稳定就业，既是农民增收致富的客观要求，也是建设现代农业的必要条件。当前，随着二、三产业结构的快速提升、外省农民工的大量涌入，浙江省农民转移就业的竞争越来越激烈。我们要适应形势的变化，转变教育培训方式，提升教育培训质量，使教育培训后的农民真正适应就业市场竞争的需要。农村劳动力的转移就业培训要实现战略性转变，从应急性短期培训为主转到职业性的技能培训，力求使受训农民拿到国家职业资格证书，成为熟练掌握一门技能的技术工。要积极引导企业从人才开发的战略高度，强化对农民工的岗位技能培训，建立一支高素质的、稳定的职工队伍。把发展农村职业教育作为促进农民创业就业、培育新型农民的一项重大战略来抓，深入实施“职业教育六项行动计划”，进一步优化职业院校布局，每个县至少办好一所中等职业学校或职业教育中心，有条件的中心镇要办好一所职业高中。要加大政府扶持力度，让未能继续升学的应届初高中毕业生先接受相应的职业教育再走上就业岗位。

三、把务农农民教育成为现代农业生产经营者

从根本上改变务农农民文化技能素质低的状况，培养一批有较强市场意识、有较高生产技能、有较好管理能力的现代农业生产经营者，是建设高效生态农业的根本保证。在实施“千万农村劳动力素质培训工程”中，要把培训现代农业生产经营者摆到重要的位置，充分利用浙江省高等院校、科研机构、农函大、成人高考等农业教育资源，根据农业主导产业发展需要，加强对专业大户、合作社骨干、农业企业经营者的培训。同时还要重视对农业后备劳动力的培训教育，特别是要加强对专业大户、农场主、农业龙头企业经营者子女实行定向的农业学历教育，把他们培育成为掌握现代农业知识技能的新一代农业创业者。浙江省已实施了对就读大中专农业种养类专业的学生免收学杂费的政策，要把政策的实施范围扩大到园艺类的相关专业，目的也在于培育新一代的农业生产经营者。我们还要采取发放农业创业贷款等支持政策，为大专院校和中等职业学校毕业生从事现代农业创造条件。同时，我们还要积极搭建农业人才交流招聘平台，鼓励农业科技人才和农业大中专毕业生到农业龙头企业和专业合作社“建功立业”。

四、把广大农民培养成为具有较高思想道德素养的文明新人

培养有自信、有诚信、有责任、有作为的文明新人，这是培育新型农民、建设新农村的应有之义，也是农村思想道德建设的根本任务。要把社会主义核心价值体系融入农村精神文明建设全过程，结合浙江省文明素质工程建设，切实加强对农民的思想道德教育和现代国民素质教育，大力推进农村文明村镇和文明家庭创建活动，进一步弘扬家庭美德、社会公德、职业道德和与时俱进的浙江精神，全面提升农民群众的文明素养。要在农村深入开展以“八荣

八耻”为主要内容的社会主义荣辱观教育，广泛开展“培育新农民、弘扬新风尚、建设新农村”的主题教育活动，激发农民群众热爱美好家乡、建设美好家园、创造美好生活的积极性和创造性。

第二节　促进进城农民成为有技能的产业工人和安居乐业的市民

习近平同志在浙江工作期间，十分重视实施统筹城乡兴“三农”战略，认为就“三农”抓“三农”很难解决好“三农”问题，必须跳出“三农”抓“三农”，统筹城乡兴“三农”。他认为加快市场化改革，以新型城市化和新型工业化促进农民分工分业分化，促进农民创业就业，把更多的农业、农村剩余劳动力快速转移到二、三产业并实现在城镇安居乐业，是培育全面发展新型农民特别重要的举措，他亲自主持研究和出台了《浙江省统筹城乡发展　推进城乡一体化纲要》。

一、加快新型城市化，加速农民向市民转化

浙江省委、省政府明确提出，要抓住实施新型城市化战略的机遇，加快中心城市、县城和中心镇建设，促进农村非农产业集聚和人口、劳动力转移，加快统筹城乡综合配套改革，努力使进城务工经商的农民能转化为安居乐业的市民。一是通过城乡配套的户籍制度改革、土地制度改革和公共服务制度改革，加快中心城市扩容和城市郊区农村人口的城市化，让已经在城市稳定就业的农村人口转化为安居乐业的市民，加速城市郊区农村的城市化、市民化进程。二是加快县城和中心镇建设，合理布局城镇的工业区、商贸区和居住区，提高城镇建设的品位，增强城镇对企业和农民的吸引

力，特别是要结合特色产业发展，规划城镇功能，发展配套的第三产业。三是要在县城和小城镇率先落实城乡配套的户籍制度、公共服务制度、土地制度和社区管理制度改革，完善按居住地登记户口的户籍管理制度，完善养老、医疗、低保等社会保障制度，积极调整教育、住房、就业等社会保障制度，降低农民进城落户的门槛，鼓励更多务工经商农民成为安居乐业的市民。

二、提升新型工业化水平，促进农民工加快成为新型产业工人

要把推进新型城市化与提升新型工业化水平结合起来，促进工业企业向工业园区和特色产业园集聚，大力发展生产性服务业，以工业集聚带动第三产业发展，带动农村人口向二、三产业和城镇集聚，拉升工业产业链，进一步推动全民创业，发展先进制造业，为农村劳动力向制造业转移提供更多机会。要把民营企业发展与促进农民创业就业紧密结合起来，积极发展劳动密集型、生态环保型的中小微企业，进一步鼓励能人创业带动更多农民转产就业，让更多农民在创业就业实践中提高自身的素质和能力。要营造良好的全民创业的氛围和环境。通过广泛宣传党和国家的富民创业政策，大力营造全民创业的良好氛围，形成多领域、全方位、多形式、多渠道的全民创业创富的环境，引导农民自觉消除“等、靠、要”思想，让更多农民从体力型、打工型向技术型、创业型转变，帮助农民自觉树立自强意识、发展意识和市场意识，引导农民积极投身到全民创业的浪潮中去，形成能人创大业、农民创家业、干部创伟业的农民创业创富、政府管理服务的良好氛围。

三、实施“千万农村劳动力素质培训工程”，全面提升农民创业就业能力

在习近平同志的倡导下，2004 年浙江省实施“千万农村劳动力

素质培训工程”，作为提高农民创业就业能力，促进农村劳动力转移的重大政策举措。全省各地把提高培训质量，帮助受训农民切实掌握一门过硬技能、得到一份稳定工作作为培训工作的重中之重来抓，不断完善和提升农民培训工作思路，拓展培训内容，提高农民就业技能，增强农民就业竞争力，促进农民转移就业和创业增收致富。同时，各地还创新培训模式，根据自身区域特点和产业优势，对农民进行有针对性的培训。如浙江东部地区地处沿海，人口稠密，土地资源稀缺，政府重点开展农民向二、三产业转移的创业就业技能培训和现代农业技能培训。丘陵山区和欠发达地区重点放在农村劳动力转移就业培训和发展特色农业产业的实用技能培训上。并且各地在培训中还注重打响各自的劳动就业品牌。如衢州市致力于提升服务品牌的影响力，增强当地农民就业竞争力。

四、大力实施区域协调发展战略，推动欠发达地区劳动力转移

加强欠发达地区农村劳动力转移就业，提高欠发达地区农民创业就业技能素质是浙江省新型农民培训的重点和难点。从浙江区域发展不平衡性的实际出发，习近平同志把加快欠发达地区农村劳动力培训和转移就业作为支持欠发达地区跨越式发展的重要举措之一，把欠发达地区农民创业就业培训和转移就业与山海协作工程和扶贫开发工程紧密结合起来。引导欠发达地区抓住发达地区工业化、城市化加速和产业升级劳动力紧缺的机遇，充分发挥欠发达地区农村劳动力丰富、价廉的优势，积极向发达地区输送二、三产业的劳动工人，同时，主动接受劳动密集型加工产业的梯度转移。大力发展来料加工业，在保护生态环境的前提下，大力发展资源开发型加工业和农产品精深加工业，把下山脱贫与城镇建设紧密结合起来，积极引导农民劳务输出，移民下山，异地开发，把

有条件的农民尽快吸引到城镇来创业就业。

案例 3-1

瑞安市新型职业农民培育的做法和经验

浙江正处于建设“两富”现代化浙江、加快推进农业化的重要时期,然而农业生产经营所需的现代经营理念、先进农业科学技术、高效农业设施引入与农业劳动力素质低、老龄化及兼业化问题形成鲜明的矛盾,推进新型职业农民培育,能够培养优秀的农业后继者,解决“谁来种地、怎样种好地、谁来帮助种地”问题,特别是农村新业态的经营、管理和技术支撑人才问题。当前,瑞安市农业劳动力人口数量的缩减、农业现代化发展与人才需求之间的矛盾愈发凸显,将来靠谁推动农业发展等现实问题值得深思,大力培育新型职业农民无疑是解决这类问题的对策之一。

一、瑞安市新型职业农民培育概况

瑞安市政府组织的大规模惠农型的农民培训起步于 2004 年开始开展的“千万农村劳动力素质培训工程”,在一轮全面普及后,2010 年开始实施“农村劳动力素质提升工程”,2016 年正式实施新型职业农民培育工程。开展农村劳动力素质培训十多年来,培训重点已从当初的农村实用技术培训、农村劳动力转移就业培训、务工农民岗位培训过渡为现在的农村实用人才培训和转移就业技能培训,实用人才培训包括新型职业农民培育。“十二五”以来,瑞安市共培训农村劳动力达 34706 人,其中农业专业技能培训 2136 人,农村实用人才培训 17283 人,农民转移就业技能培训 15287 人,培育新型职业农民 852 人。

新型职业农民培育的对象主要包括种养专业大户、家庭农场主、农民专业合作社负责人、农业产业化企业创办人、有意向从事农业发展的高校毕业生、返乡创业农民工。近年来，经营农业的效益不断提升，各种专业大户也不断增加，据统计，瑞安市在粮油方面的种植大户有620户，种植蔬菜的专业大户有1640户(其中3～5亩905户，5～10亩420户，10亩以上315户)。近年来，家庭农场不断兴起，目前共有338个家庭农场。瑞安市农业产业化程度不断提高，共有1193个农民专业合作社，瑞安市市级以上农业龙头企业166家，国家级1家、省级5家、温州市市级25家。这类农业从业人员具备一定的农业生产知识基础，并且在农业生产经营方面已有丰富的经验，相对于有意向从事农业发展的高校毕业生、返乡创业农民工而言，这类人员在学习农业技术方面也具有一定的优势。近年来，受到经济形势的影响，城镇的就业压力增加，选择回乡创业的农民工不在少数。

二、瑞安市新型职业农民培育主要做法及成效

1. 出台相关政策文件，引导培育工作开展。2014年，瑞安市人民政府为扎实推进"农村劳动力素质培训提升工程"的深入实施，出台《瑞安市"农村劳动力素质培训提升工程"项目和资金管理办法的实施细则》。该实施细则明确规定了培训的对象和范围，培训计划与培训实施，培训资金的补助标准，资金申报、拨付及使用，资金管理监督及考核。瑞安市不断加大财政支持力度，合理设置培训项目，明确政策界限，既打破瓶颈，又严格审核，提高补助资金的使用效益。

2016年，瑞安市印发了《瑞安市"十三五"人才发展规划的通知》，其中关于农村实用人才队伍建设发展目标为按照发展现代农业、繁荣农村经济的要求，以培养新农村建设急需的生产型、经营型、技能型人才为重点，着力加强农村实用人才队伍建设。重点是

开展新型职业农民培育工程，突出以现代农业产业为重点的农业实用技术培训，推动精品农业和精品休闲乡村的快速发展。

2016年，瑞安市政府为贯彻落实科教兴农、人才强农战略，推进新型职业农民培育，着力解决“谁来种地”“如何种好地”的问题，结合瑞安市实际，制定出台《瑞安市新型职业农民培育三年行动计划》，提出了关于总体要求、目标任务、教育培训、认定管理、政策扶持及工作要求等方面的意见，着力构建教育培训、认定管理和政策扶持“三位一体”的新型职业农民培育新体系，为建设高效生态、特色精品、绿色安全的高质量、高水平现代农业强市提供强有力的人才保障。

2. 成立领导小组，完善培育组织。强化组织领导，瑞安市政府成立由分管领导任组长的新型职业农民培育工作领导小组，成员由财政、农林、发改、教育、科技、人力社保、农办、供销、商务等部门负责人组成，统筹协调培育工作。领导小组办公室设在市农林局，具体负责组织、实施、监督等日常工作。有关部门、各乡镇（街道）要明确职责，逐级落实责任，形成上下协调、部门联动、一级抓一级、层层抓落实的工作机制。比如在认定管理方面，新型职业农民的资格认定，坚持公开、平等、择优与德绩并重的原则，按照自愿申报、组织培训、审核认定、公示颁证四个流程进行。

3. 加强监督管理，规范培育实施。创新管理模式，打破农民培训属地化管理模式，实行自主培训，培训对象可在自愿基础上自主选择培训学校和科目，让有培训意愿的劳动者能够跨镇、街道选择培训项目。严格按照培育工作的要求，落实管理措施，强化过程督导，确保监管到位。加大对培训机构的检查考核力度，监督其按计划开展培训教学。对不按计划开展培训、管理不力的培训机构，核减其培训任务。对检查中发现的管理漏洞，深入分析原因，完善监管措施，确保新型职业农民培训取得实效。

在资金管理上，新型职业农民培育工作开展过程中，市财政每年安排农民培训专项资金，对培训人员按参加的不同培训类型，实行差别化补助标准。培育补助资金实行审核拨付制度，在培训结束及参训人员经申报认定为新型职业农民后，由培训机构向领导小组办公室提出拨付申请，提供培训验收考核相关资料、新型职业农民认定名单，经领导小组办公室审核、财政部门复核，直接将培育补助资金拨付到培训机构。

4. 加快培育平台建设，满足培育新需求。随着社会的发展，培育需求日益丰富，瑞安市政府根据群众需求、产业基础进行多元化的培训，培育一些专业化、职业化的农民，满足当地农业发展需要。瑞安市积极探索建立“专门机构＋实训基地＋农民田间学校”的新型职业农民教育培训模式。瑞安市重点围绕粮食、蔬菜、水果等产业，依托温州科技职业学院（温州农民学院）的师资力量，结合本地实训基地建设，作为新型职业农民教育培训基础平台，目前已分别在瑞安东部、西部认定了瑞安市上绿蔬果专业合作社、瑞安市马屿蔬菜专业合作社联合社为第一批农业教育培训实训基地和农民田间学校，加快培育适应现代农业发展需求的新型职业农民队伍，为建设高效生态、特色精品、绿色安全的高质量、高水平现代农业强市提供人才保障。

案例来源：游惠雯．瑞安市新型职业农民培育研究[D]．福州：福建农林大学，2016.

案例简析 〉〉〉

“乡村振兴”是一个系统工程，不仅是经济的振兴，也是文化、教育、科技的振兴，以及农民素质的提升。瑞安希望农民田间学校的设立可以为乡村振兴战略提供人才保障、智力支持和技术支撑，就地培养出一批生产能力强、经营模式优、管理水平高的新型农业经营主体和有文化、懂技术、善经营、扎根农村的新型职业农民。为农业发展提供更精准的现代农业技术服务,促进农民持续较快增收和农业可持续发展。瑞安按照加快推进农业现代化建设的总体部署,坚持立足产业、政府主导、农民主体、多方参与、注重实效的原则,以开展教育培训、规范认定管理、强化政策扶持为重点,创新机制、落实举措,探索形成具有瑞安特色的新型职业农民培育模式。统筹利用农业高校、科研院所等专门机构的教育资源与支撑保障,依托浙江省9大农民培训基地之一的温州科技职业学院的优质培训资源,结合本地实训基地建设,构建新型职业农民教育培训基础平台,探索建立“专门机构+实训基地+农民田间学校”的新型职业农民教育培训模式。

第三节　大力培育新型职业农民,提高农民合作经营水平

习近平同志在担任浙江省委书记这几年中十分重视现代农业发展,积极探索走中国特色新型农业现代化道路。他在积极推动农民分工分业和创业就业的同时,十分重视培育新型职业农民,强调要把推进农业适度规模经营,培育专业大户、家庭农场、合作农场和专业合作社、农业龙头企业等新型农业经营主体,培养一批专业化、职业化的高素质的新型职业农民作为发展现代农业最重要的举措。

一、适应高效生态农业要求,大力培育新型职业农民

2004年时任浙江省委书记习近平从推进农业产业结构战略性

调整，提升浙江农业市场竞争力的实际出发，作出了把高效生态农业作为浙江现代农业主攻方向，走高效生态新型农业现代化道路的战略决策。根据这一战略决策要求，习近平同志提出了新型城市化、工业化与农业现代化双轮驱动的创新思路，即一手抓农村劳动力向二、三产业转移，加快务工经商农民市民化进程，一手抓农业适度规模经营，抓土地流转和向新型农业经营主体的集聚，改变“家家粮棉油、户户小而全”的小农经济传统农业。把培育新型职业农民和适度规模经营的专业大户、家庭农场、合作农场、专业合作社和农业龙头企业等新型农业经营主体，作为发展高效生态现代农业最重要的战略举措。同时各级政府又对这些专门从事现代农业的新型职业农民进行专门的现代农业经营技能培训，并在“千万农村劳动力素质培训工程”中专门单列了新型职业农民培训内容，努力提高这些新型职业农民从事专业化现代农业种养业的专业技能。同时积极引导新型职业农民拉长农业产业链、拓展农业各种功能，推进贸工农一体化经营，提升农业品牌价值，努力使农业成为能赢利的产业。

二、大力发展新型合作经营

针对农村家庭联产承包责任制改革后农村双层经营体制不完善，特别是集体统一经营层次薄弱、缺失等问题，习近平同志积极推动给予合作经济组织法律地位、推进合作经济多种服务功能建设，满足分散家庭农户与大市场对接的服务需要。2004 年通过《浙江省农民专业合作社条例》，2005 年出台《中共浙江省委办公厅、浙江省人民政府关于进一步加快发展农民专业合作社的意见》，初步建立了扶持农民专业合作社发展的政策框架，为农民合作社的发展提供了政策和法律保障，也为全国人大制定《中华人民共和国农民专业合作社法》提供了先行先试的经验。

在政策引导方向上，浙江省并未将农民专业合作社的功能局限于生产、加工及销售上的产业联合，而是探索通过农民专业合作社的发展来提升现代农业的科技水平，并发挥农民专业合作社在扶贫等工作中的作用。2005年，时任浙江省委书记习近平在全省农村工作会议的讲话中指出“要大力推进农业经营体制创新，提高农业产业化经营水平”，为此要“加大对农业龙头企业和专业合作社的扶持力度，不断提高竞争力，增强带动力”；把支持农民合作经济组织发展与农业科技推广体制改革结合起来，“鼓励高校、科研单位、农民合作经济组织、涉农企业等积极参与农业科研开发，加快农业科技成果转化”。同时，支持农民专业合作社在农业产业化扶贫中发挥积极作用，要“大力扶持和培育扶贫龙头企业和专业合作社”。

在农民专业合作社的发展路径和支持政策上，浙江省也未局限于对农民专业合作社主营业务的扶持，而是探索构建以农民专业合作社为主体、多类型服务体系协同作用的支持体系。2005年，《中共浙江省委办公厅、浙江省人民政府关于进一步加快发展农民专业合作社的意见》指出，要“坚持以多元化参与、多渠道发展为办社方式。在坚持以生产经营农民为主体的基础上，鼓励各类有特长的主体创办和领办合作社，允许依托基层农技部门、基层供销合作部门、农产品批发市场、农产品加工企业等兴办农民专业合作社”；鼓励农村信用社为农民专业合作社提供信贷支持，并允许农民专业合作社参与农村信用社改革，具体制度设计为“农业银行和农村信用社要把农民专业合作社作为农业信贷的重点，支持农民专业合作社的生产和季节性、临时性的资金需要，对用于种植业、养殖业等生产领域的信贷资金的利率要给予一定的优惠。对于实力强、资信好的农民专业合作社给予一定的信贷授信额度。可以以农民专业合作社或联户担保等形式进行有效担保，支持农民专业合作社发展。农业担保公司要积极为农民专业合作社提供担保。在农村信用社改革中，允许具有法人资格的农民专业合作社认购资格股和投资股”。

三、积极推进生产、供销、信用“三位一体”新型合作经济决策部署

2006年1月，习近平同志在全省农村工作会议上提出要积极探索建立农民专业合作社、供销合作社、信用合作社“三位一体”的农村新型合作体系，努力服务于社会主义新农村建设。2006年12月，习近平同志在全省发展农村新型合作经济工作现场会上发表了题为“立足新阶段把握新趋势　积极探索农村新型合作经济发展新路子”的讲话。在这次会议上，习近平同志强调指出，以供销合作社、信用合作社、专业合作社的联合而构成的“三位一体”的农业综合服务平台，是目前我国发展农村合作经济的一种新的形式，是代表现代农业发展方向的一个新生事物。我们要热情地支持这一新生事物的发展，推动这一新生事物在更大范围内的实践和发展。“合作经济与股份经济一样，是市场经济的一种重要形式”，“一定要从全局高度充分认识发展农村新型合作经济的重要意义”，要扎实推进浙江省农村新型合作经济的发展。

习近平同志在2006年12月召开的全省发展农村新型合作经济工作现场会上对发展“三位一体”合作经济组织进行了深刻的阐述，他指出了生产、供销和信用合作社三类组织各自分头为“三农”服务的局限性和联合的必要性，农民专业合作社面临着科技支撑、品牌营销、农资采购、市场开拓、资金供给和人才保障问题；供销合

作社和信用合作社虽然服务实力较强，但面对分散和众多农户，服务供给范围窄、成本高、风险大。而新型合作经济则将服务“三农”的这三类组织融合为一个综合的农业社会化服务体系，实际上突破了三类组织各自的局限性。发展农村新型合作经济，有效整合三大系统、三重服务功能、三级合作体系，就具备了较强的综合服务能力和条件，可以有效地帮助农民专业合作社进一步提高组织化程度，完善服务功能，提升发展水平，增强竞争能力。同时他还指出，农村新型合作经济在坚持和稳定农村统分结合的双层经营体制的基础上，进一步丰富了双层经营体制中“统”的内涵，创新了新的形式，提升了农民参与市场竞争的层次和能力，加强了农民专业合作的薄弱环节，为家庭生产经营进一步走向市场、走向现代化开辟了新的空间，可以说是农村生产关系和农业经营体制的又一个创新。

虽然当时实践中的“三位一体”新型合作经济模式只在初步探索阶段，但习近平同志在讲话中仍对此模式提出了基本构建框架及原则。“三位一体”的组织基础是生产、供销、信用三类合作组织，而且它们各自承担具体功能——农民专业合作社是基本社员和主要服务对象，供销合作社是流通服务功能的承担者，农村信用社是金融服务功能的承担者和作用发挥者。在 2007 年浙江省农村工作会议上，习近平同志再次强调“三位一体”合作组织建设，提出“要积极创新农业服务形式，大力推进以农民专业合作社为基础、供销合作社为依托、农村信用合作社为后盾的‘三位一体’的服务联合体建设，努力构建以政府部门的服务和管理为保障的集技术、信息、金融、营销等各种服务于一体的新型农业服务平台”。

第四节 大力提高农民群众的人文素养

习近平同志在浙江工作期间十分重视提高广大农民群众的文化科技素质和人文素养。他在2003年的浙江省农村工作会议上就强调，要围绕人的全面发展，以民主法制村和文明村镇、文明家庭建设为载体，不断丰富创建活动形式和途径，广泛开展社会公德、职业道德和家庭美德教育，整体提高农民的民主法治意识、科技文化素质和思想道德素质。

一、新型农民人文素养的主要内容

提高农民人文素养是一个重要而又艰巨的任务，要从物质文明、政治文明、精神文明和生态文明"四个文明"建设所需要的新型农民人文素养内容出发，通过多方面、多形式、多渠道的培育，综合提高广大农民的人文素养。新型农民人文素养就是指推进农村的社会主义物质文明建设、政治文明建设、精神文明建设和生态文明建设中农民所必须具备的品行、能力和素质，形成与农业和农村现代化相适应的先进的理念、思想、道德、文化、知识、智慧、技能等，全面提升农民建设社会主义新农村的能力和水平。

从社会主义新农村建设所涵盖的"四大文明"的具体需求来看，新型农民人文素养主要包括以下四大类内容。

一是推进农村社会主义物质文明建设所需要的人文素养，主要包括农民的文化素养、科技素养和创业素养等。

二是推进农村社会主义政治文明建设所需要的人文素养，主要包括政治素养、民主素养、法律素养等。

三是推进农村社会主义精神文明建设所需要的人文素养，主要包括道德素养、礼仪素养等。

四是推进农村社会主义生态文明建设所需要的人文素养，主要包括生态素养、卫生素养等。

农民人文素养的普遍提高是培育新型农民的紧迫要求，可以为农村社会主义“四大文明”建设提供强大的动力源泉，对改变农村落后面貌，缩小城乡差距，全面推进社会主义现代化起到极为重要的支撑作用。

二、找准提高农民人文素养的方法与途径

提高农民群众的人文素养首先要找到科学的方法，要激发农民通过农技教育、培训教育、实践教育等方法手段，真正把新型农民人文素养培育工作融入农民生产生活中去，融入农村社会主义“四大文明”建设的实践中去。重点要把握好以下三个要素。

一是要把握好文化教育与人文素养教育的关系，把人文素养教育融入文化教育中去，通过全面提高农村和农民文化教育水平，为农民人文素养提升打下扎实的文化知识基础，优化学习教育环境，促进农民文化教育水平与人文素养同步提升。

二是要把握好农村社会主义“四大文明”建设实践活动与开展农民人文素养培育活动的关系。要紧密结合农村“四大文明”建设的实践，开展有针对性的人文素养培训教育活动，要按照缺什么补什么、需要什么就学习培训什么的要求，开展有针对性的培训教育活动。

三是要把握好提升经济硬实力和文化软实力的关系。要使农村经济发展、农业生产方式和农民生活方式转变成为带动农民人文素养提高的现实条件，同时又要使农民人文素养的提高成为推动经济社会发展的强大的文化软实力，形成农村发展硬实力与文

化软实力相互促进、相得益彰的良性机制。

与此同时，新型农民人文素养培育要寻找多条有效途径。一是要结合社会主义新农村建设的各项工程举措进行针对性的培训教育。如结合“千村示范、万村整治”工程建设，对农民群众重点进行生态素养、卫生素养、道德素养等方面的教育，增强农民参与“千万工程”的主动性和自觉性。二是要与农村文化阵地建设结合起来。在“千万工程”实施中，把加快农村文化阵地、文化设施、体育设施建设带动起来，努力使每个村都有文化室、健身场地、图书阅览室，并大力开展农民“种文化”活动和文化下乡活动。三是要全面开展乡风文明建设活动。不断完善农村文明创建活动，不断完善村规民约，以“清洁家园”“生态文明示范村”“民主法治村”“平安乡村”“和谐乡村”建设等众多载体为抓手，把乡风文明教育广泛开展起来。四是要全面开展多种形式的农民人文素养教育。通过电大、农函大、农广校、社区学院、成人教育等教育平台，开设农民人文素养的课程。依托电视台、广播电台等新闻媒体广泛开展形式多样、生动活泼、寓教于乐、丰富多彩的农民人文素养教育，将人文素养融入思想道德活动之中，让群众在潜移默化中接受熏陶。

三、以农村文化礼堂建设促进农民人文素养

在中国特色社会主义进入新时代后，浙江的农村文化建设进入了以文化礼堂为载体，以铸就中国特色社会主义先进文化之魂为根本目的，全面推进农民发展，加速乡风文明的人文乡村建设新的历史时期。党的十八大以后，习近平总书记提出了一系列关于农村文化建设和农民文化进步的新思想和新要求。2016 年 4 月，习近平总书记在农村改革座谈会上的讲话中指出：“教育、文化、医疗卫生、社会保障、社会治安、人居环境等，是广大农民最关心最直

接最现实的利益问题，要把这些民生事情办好。新增教育、文化、医疗卫生等社会事业经费要向农村倾斜，社会建设公共资源要向农村投放，基本公共服务要向农村延伸，城市社会服务力量要下乡支援农村，形成农村社会事业发展合力，努力让广大农民学有所教、病有所医、老有所养、住有所居。”

浙江的农村文化礼堂建设，首先从杭州临安进行试点。临安市政府主管部门，从一开始就明确了文化礼堂建设的根本意义，即突出自身文化价值，文化礼堂标识语——“文化礼堂，精神家园”这八个字，旗帜鲜明地确定了礼堂的文化性质和文化定位，礼堂的建设，也始终围绕着这一中心展开。而后逐步在全省推开的文化礼堂建设也都坚持以文化为魂，紧紧抓住乡风文明这一主题。

浙江在文化礼堂建设的过程中，始终坚持党的坚强领导和正确指导，在农村文化礼堂建设之初，就成立了由党委宣传部协调，党政各相关职能部门共同负责的领导小组，来指导和推进文化礼堂建设的各项工作。在文化礼堂建设和运行中始终坚持以党的理论、路线、方针和政策为文化礼堂的灵魂和导向。在农村文化礼堂中，很多村庄都有一条特色鲜明且脉络清晰的红色文化主线，并将文化礼堂作为“红色阵地，精神家园”。文化礼堂建设走在浙江省前列的慈溪市具有典型意义。慈溪是革命斗争历史悠久的地区，也曾是新中国社会主义建设的典范，当我们走进慈溪市的每一家农村文化礼堂，几乎都能看到村庄的红色记忆，看到革命烈士的图片和事迹，看到无产阶级革命领袖的大幅照片，看到农家书屋中的大量红色经典图书。毛主席关于五洞闸合作社的批示，周总理关于慈溪农业发展的谈话及“棉花姑娘”的故事，都是慈溪乡村的历史性自豪。这样深厚的红色历史积淀，让慈溪的乡村治理具有深厚的红色情愫，具有坚定的“跟党走”的历史积淀。在国庆节期间，慈溪市在文化礼堂中组织开展“五星红旗高高飘扬”升旗活动，在清明节，慈溪市组织开展“红色故事进礼堂”、缅怀先烈和爱国主义教育活动等，这就让广大农民群众能够承继优良的革命文化传统，使乡村文化坚定地保持着社会主义的政治方向。

浙江的农村文化礼堂建设，构建起村级公共文化服务设施的基本框架，让社会主义核心价值体系和社会主义核心价值观建设进入农村文化礼堂。以文化设施项目为载体，突出各村特色，尊重村民意愿，科学规划建设“两堂五廊”。所谓建设“两堂”，就是建设礼堂和学堂，用于安排红白喜事，召开村民大会，举办报告会，开展表彰活动、文艺活动等。利用“两堂”开设乡村业余学校，包括党校、夜校、各类培训班，用于中小规模的政策宣讲、主题教育、知识学习、技能培训等；开展实用知识和致富技能的培训，提高农民的劳动技能和经营能力，推进农村各行业人才队伍建设；开展现代科学、法律、网络、健康生活等知识的教育，增进农民科学素养，提高农民的现代生活质量。所谓建设“五廊”，就是建设村史廊、民风廊、励志廊、成就廊、艺术廊。利用“五廊”宣传当地先进人物的事迹，激励村民向先进典型学习，争做道德正、为人好、本领强、受村民尊敬的人，形成崇尚榜样之风。

浙江的农村文化礼堂建设，展示出村庄的人居环境、名胜古迹、土特产品、朴实乡风以及特有的乡村看点，传播村庄的知名度或美誉度，让优美的村庄形象和丰富的村庄资源展现在农村文化礼堂。在文化礼堂中，陈列着本村当代优秀学子以及专家学者的照片、证书，介绍他们在读在学期间的重要成果；陈列着“道德模范”“平民英雄”“阳光少年”“好青年”的事迹和照片；陈列着诚信仗义、助人为乐等方面的典型人物的事迹和照片；陈列着其他集体及个人的奖牌、荣誉证书等。文化礼堂建成后，各类典型直观而鲜活地呈现在村民和村干部的面前。对于广大村民来说，那些遵纪守法、仁爱慈孝、邻里互助的典型，每天都在影响和浸染着他们，他们会在评说、议论中感受到先进典型的道德人格力量；对于乡村的党员干部来说，那些克己奉公、一心为民的典型，每天也都会影响和浸染着他们，“标杆”就在眼前，他们不能不时时“衡量”自己的言行。经常进出于文化礼堂的人们，注定要受到这些先进典型的“教化”，这种力量与党和政府的教育，与社会主义核心价值观的宣传结合起来，成为一种重要的精神道德推动力。

浙江的农村文化礼堂建设，以“两堂”为平台，组织开展春节、元宵节、清明节、端午节、中秋节、重阳节等重大节庆的祭祖、庆典传统活动，让和睦的邻里关系和干群关系形成于农村文化礼堂之中。文化礼堂为村民提供筹办红白喜事、看大戏、看电影的场所，为民间艺人提供展示的舞台，为文体爱好者提供交流的平台。农村文化礼堂定期开展促进邻里间和睦相处的各项活动，大力宣传邻里互助、家庭和睦、村民和谐、礼尚往来的良好风尚。

案例 3-2

缙云烧饼产业发展中的农民人力资本培训

“炉传三百世，饼香五千年”，缙云烧饼称“黄帝饼”“轩辕饼”，历史悠久，工艺精细，世代传承，是缙云最著名的传统美食，也是缙云农民创业就业的传统方式。

2013 年底，县委、县政府将缙云烧饼产业发展提升到战略高度，提出把缙云烧饼产业作为弘扬传统文化和促进农民增收致富的重要举措来抓，通过打造缙云烧饼品牌，运用现代产业经营模式来培育发展缙云烧饼产业，全面推进该产业华丽蜕变，使其从“路边摊”走向“高大上”、走向“绿富美”，在全社会形成了独特的“缙云烧饼现象”，先后得到多位省领导的充分肯定。

2016年缙云烧饼被列入第五批浙江省非物质文化遗产名录，先后被评为“浙江名小吃”“中华名小吃”“首届中国旅游金牌小吃”，被省农业厅评为“十大农家特色小吃”，多次获得省农博会金奖等荣誉。缙云烧饼协会获得“浙江省五一劳动奖状”。缙云烧饼的品牌建设成功实践也引发了周边县、市、区乃至全国各地极大的关注，参观学习者络绎不绝。

一、缙云烧饼文化底蕴深厚

缙云是黄帝文化的传承之地。轩辕炼丹成仙，百姓借炉制饼，缙云烧饼烙印着千百年来的轩辕传奇。据《棠溪朱氏宗谱》记载，缙云烧饼距今已有650多年的历史。相传，缙云烧饼由轩辕黄帝在仙都鼎湖峰炼丹时所创，当地百姓闻香效仿并世代相传。早期的缙云烧饼是有名的“台前饼”“庙会饼”和“路边摊”。经过数代缙云人亲朋相教、手手相传，在历史中绵延、变迁，成为今天的“缙云烧饼”。在当代，缙云籍作家吴越先生的《括苍山恩仇记》，被誉为近代浙西南民风民俗的活辞典。其中，涉笔缙云烧饼达30余处。他把缙云各类人物喜欢品味缙云烧饼的风土人情，以文学作品的形式，展现给了世人，直接丰富了“缙云烧饼”的品牌文化。

二、主要成效及经验做法

1.加强领导，出台政策。专门成立了缙云烧饼品牌建设领导小组及其办公室，负责缙云烧饼品牌建设重大事项的组织协调工作，落实成员单位工作职责，制定下发了《关于缙云烧饼品牌建设的实施意见》和《关于推进缙云烧饼品牌建设的若干意见》等专项政策，县财政安排出专项资金支持缙云烧饼品牌建设工作。

2. 深入调研，编制规划。组织开展了缙云烧饼产业现状调查，建立起 384 名缙云烧饼师傅数据库，制定缙云烧饼产业发展初步规划。计划每年培训缙云烧饼师傅 800 人以上；力争缙云烧饼示范店在本省县级城镇覆盖率达 80% 以上；到 2020 年，从业人数达 20000 多人，营业收入达 20 亿元以上，力争缙云烧饼示范店在全国各省（区、市）全面铺开。

3. 统一标识，塑造形象。按照缙云烧饼品牌建设的总体要求，集社会各界智慧，确定缙云烧饼 logo（标志）图案，制定缙云烧饼制作规程标准，完成缙云烧饼品牌 VI（视觉识别）整体形象，成立缙云烧饼协会，完成协会社团组织注册登记，取得机构代码证和税务登记证。

4. 注重实效，打造队伍。按照"培训机构基地化，培训内容系统化，从业人员专业化"的思路，把缙云烧饼师傅培训作为农村劳动力素质培训的一项重要内容，建立长效机制，形成多层次人才队伍。一是创建烧饼师傅基地。建立了电大缙云分校和缙云县欣盛科技培训中心两个培训基地，满足社会化培训需要，同时在缙云县职业中专创办为期三年的专业培训班，为缙云烧饼产业培养高级人才。二是聘请名师因材施教。根据产业发展要求，科学编制教材，合理安排课程，聘请知名师傅传授制作技术。同时开设理论、策划、营销等方面课程，培养"工匠"精神，让学员既能做"烧饼师傅"又能当"烧饼老板"。三是规范考证工作。严格按照缙云烧饼制作规程以及有关技能与质量标准，对参加考试的学员进行评定打分，给考评合格的学员颁发"缙云烧饼烤制"初级技能证书和结业证书。四是开展创业就业指导。两个培训基地都建立了缙云烧饼师傅创业就业指导中心和缙云烧饼师傅群，开展创业就业指导服务工作，使缙云烧饼师傅得到更好的训后服务。通过几年的培训与实践，涌现出一大批懂技术、善经营、懂管理的多层次、年轻化缙云烧饼人才。目前已经有2家比较知名的公司在经营。五是注重技能提升。2017年，举办了中、高级缙云烧饼师傅选拔赛，以及缙云烧饼师傅技能交流会，全面提升师傅的制作、经营能力。开展"丽水农师、丽水首席技师、浙江名师"等评比活动，激发缙云烧饼师傅的进取、创新能力。目前缙云烧饼师傅高、中级队伍进一步壮大，其中缙云烧饼大师5人，高级缙云烧饼师傅（高级中式面点师）35人，中级缙云烧饼师傅（中级中式面点师）110人。

5.点线推进，占领市场。随着缙云烧饼品牌知名度和影响力的提升，市场推广迅速，已在全国20多个省（区、市）开出品牌示范店430多家。从市场推广渠道看，高速公路服务区推广势头强劲，目前缙云烧饼已经在浙江、上海、江西、贵州、河南全国五个省（市）的20对高速公路服务区进驻；大学食堂、大学城推广势头迅速，市场前景广阔，目前省内外20多所大学食堂开设窗口，同时缙云烧饼已经成功进驻省（市）政府机关食堂（如浙江省委党校机关食堂）、杭州五星级酒店等；不断进驻大中城市美食街、交通枢纽、大型超市、大型农家乐。从推广模式看，目前主要是三种模式：连锁经营、单体店和摊点。在这三种模式中，摊点的数量最大，单体店模式已经成熟，连锁经营模式正在探索。

6.带动产业，"一业兴百业"。目前，缙云烧饼产值超15亿元，同时带动缙云菜干、烧饼桶、炉芯、养猪、原辅料供应等产业的基地化建设，推动烧饼文化展示、电子商务、包装等上下游产业发展，形成"一业兴百业"的良好态势。2017年建成缙云烧饼特色村5个，其中2个为缙云菜干特色村,1个为缙云烧饼炉芯特色村。以缙云县东方镇为中心打造缙云菜干基地,据统计2017年该镇的缙云烧饼专用菜干种植面积超过2000亩,总产量200多万斤,平均亩产九头芥鲜菜1万多斤,亩产值7200多元。缙云县全优食品有限公司、缙云县青山生态农业开发有限公司两家缙云菜干企业通过了QS认证。据缙云县源发蔬菜专业合作社统计,2017年共卖出缙云菜干40万公斤,实现产值800多万元。缙云菜干收购价从2014年的8元每公斤到2017年的近15元每公斤。关于烧饼炉芯,原先东山村仅有3家制作炉芯,2017年发展到5家;关于木制烧饼桶制作,2013年调查时只有5家,2017年发展到7家,2014—2017年共卖出烧饼桶15000多只,实现产值1500多万元。2017年卖出烧饼桶3000多只,实现产值300多万元。

7.强化标准,夯实管理基础。紧紧围绕“牌、饼、师、店”进行提升,全面提升缙云烧饼的品质、师傅的素质和示范店的经营管理水平。一是与丽水市市场监管局、丽水市质量监督检测院合作制定《缙云烧饼示范店规范》,从门店、服务、经营等方面明确规范,同时缙云县烧饼办组织人员对示范店进行大走访、大调查,加强对示范店的规范管理,进一步夯实规范管理的基础。目前已有300多家示范店获得近600万元补助,20多家示范店获得贴息近7万元。二是通过对缙云菜干、缙云烧饼桶、炉芯的标准化建设,以缙云县源发蔬菜专业合作社为龙头的缙云菜干实现了种植、腌制、加工等全程标准化、数字化制作;缙云烧饼桶制作基地通过技术攻关,获得了电热烧饼桶、无油烟烧饼桶等三项国家专利技术。

8.创新宣传,提高知名度。缙云烧饼作为一个区域品牌,在宣传推广中不断创新,从单一的产品宣传到整合宣传再到缙云整体区域形象宣传，始终将落脚点放在“缙云”上。一是继续通过节庆，提升缙云烧饼的知名度。在“缙云特色小吃节”的基础上连续举办了三届缙云烧饼节，突出缙云烧饼品牌元素，延长节庆时间，2017 年烧饼节期间与省餐饮协会联合举办了浙江省名点名小吃选拔赛，共设 201 个展位，200 多个品种参展，其中县外 26 个展位，50 多个品种参展，三天时间内游客达 20 万人次，营业额 540 多万元。2017 年，东方镇岱石村、壶镇镇北山村举办烧饼节，吸引游客 6 万多人次。二是参加展会，提升缙云烧饼知名度。参加各种展会是推广缙云烧饼最直接的办法，缙云小吃组团参加丽水生态精品农博会、浙江省农博会、上海农博会，荣获多项金奖。2017 年 5 月，缙云烧饼受邀参加意大利米兰中国文化节，引当地民众盛赞。三是新闻媒体报道，提升缙云烧饼知名度。缙云烧饼品牌建设的成功经验吸引了媒体的极大关注。近年来，缙云烧饼在《浙江日报》、浙江卫视等省级媒体大力宣传的基础上，又登上了《人民日报》、《农民日报》、央视、新华网、中新网等国家级主流媒体，进一步扩大了缙云烧饼在全国的知名度和影响力，提升了缙云的整体形象。四是出版书籍以及开展文化艺术活动，提升缙云烧饼的知名度。县烧饼办与缙云县工艺美校合作出版《缙云烧饼追的是绿富美》画册，图文并茂地、系统地介绍了缙云烧饼。县烧饼办与文化馆合作编制的婺剧《烧饼缘》在丽水市品牌故事演绎中获得了第一名，均收到了很好的效果。

案例来源：马凤兴，郑功帅．“缙云烧饼现象”的成功经验[N]．丽水日报，2017-09-13.

案例简析 〉〉〉

缙云发展烧饼产业促使农民创业增收的经验可概括为：一是“三个突破”实现“提质”。完善产业链，打造原材料供应中心，确保产业健康发展。二是“公司连锁”实现“扩量”。继续鼓励千家万户农民外出创业，通过学习、培训、提升解决缙云烧饼师傅“卖”的能力不足的制约，实现由师傅到经营者的转变；重点引导有实力的餐饮公司实现连锁经营，进一步抢占市场，推广品牌。三是“两手抓”实现“护牌”。要一手抓深化品牌塑造，加快推进缙云烧饼集体商标注册和生态原产地产品保护申报工作，做好缙云烧饼品牌价值评估对接工作，启动国家非遗申报工作，要做好品牌营销，提高知名度。继续办好缙云烧饼节、参加各种展会，并在新闻媒体宣传的基础上，加快“缙云烧饼十互联网”的宣传推广工作。要一手抓品牌维护，充分发挥烧饼协会的作用，利用知识产权等进行品牌保护；加强缙云烧饼师傅技能提升，确保缙云烧饼的品质，加强烧饼产业全过程监管，保护来之不易的“金字招牌”。

本章小结

习近平同志在浙江的“三农”工作战略部署中，培育全面发展的新型农民，增强广大农民群众创业创新就业致富能力，全面提升农民群众文化科技教育水平和人文素养方面工作占着十分重要的位置。他几乎在每年一次的农村工作会议讲话和“千万工程”现场会讲话中都要强调这项工作。尤其是在2007年1月的浙江省农村工作会议上，习近平同志就如何培育全面发展农民问题作了系统阐述，提出了一套完整的培育思路与政策举措。浙江新农民培育之路的成功在于深入实施“千万农村劳动力素质培训工程”和农村使用人才培育计划，大力发展农村职业教育，重视农民思想道德建设，加快提高农民的就业技能和文明素质。此外，在新型职业农民培育方面强调推进农业适度规模经营，培育专业大户、家庭农场、合作农场和专业合作社、农业龙头企业等新型农业经营主体；同时，大力推进以农民专业合作社为基础、供销合作社为依托、农村信用合作社为后盾的“三位一体”的服务联合体建设，努力构建以政府部门的服务和管理为保障的集技术、信息、金融、营销等各种服务于一体的新型农业服务平台。在中国特色社会主义进入新时代后，浙江的农村文化建设进入了以文化礼堂为载体，以铸就中国特色社会主义先进文化之魂为根本目的的新阶段，通过建设“两堂”(礼堂和学堂)和建设“五廊”(村史廊、民风廊、励志廊、成就廊、艺术廊)全面推进农民发展。

思考题

1. 试述习近平同志任浙江省委书记时对培育全面发展新型农民的总体目标构想的主要内容。

2. 浙江省在促进农民转产转业上有哪些主要举措？

3. 浙江省在培育新型职业农民，走合作经营之路上有哪些创新举措？

4. 浙江省如何提高农民群体文化素质？

拓展阅读

1. 章文彪. 论“三农”[M]. 杭州：浙江人民出版社，2015.

2. 钱文荣，黄祖辉. 转型时期的中国农民工[M]. 北京：中国社会科学出版社，2007.

3. 浙江农艺师学院. 浙江农民创业好故事[M]. 北京：中国农业出版社，2019.

要坚持精准扶贫、精准脱贫，重在提高脱贫攻坚成效。关键是要找准路子、构建好的体制机制，在精准施策上出实招、在精准推进上下实功、在精准落地上见实效。要解决好“扶持谁”的问题，确保把真正的贫困人口弄清楚，把贫困人口、贫困程度、致贫原因等搞清楚，以便做到因户施策、因人施策。要解决好“谁来扶”的问题，加快形成中央统筹、省(自治区、直辖市)负总责、市(地)县抓落实的扶贫开发工作机制，做到分工明确、责任清晰、任务到人、考核到位。

——习近平总书记在中央扶贫开发工作会议上的讲话，2015 年 11 月 27 日。

第四章　农民脱贫致富和共创共富道路的探索

本章要点

1. 浙江农民扶贫致富的核心在于以发展新理念引领浙江农民持续增收。

2. 浙江以巩固农村基本经营制度、发展壮大农村集体经济为推动“千万工程”和农民共同富裕的重大举措。

3. 美丽乡村建设是浙江新农村助推欠发达山区扶贫攻坚的有效抓手。

“中国要富，农民必须富”，如何实现农民脱贫致富、持续增收和共同富裕是习近平同志在浙江“三农”工作实践中十分重要的一项任务。进入 21 世纪以来，浙江“三农”发展更是创造了一个又一个全国领先的改革发展经验，进入了以新理念引领新发展的新阶段。时任浙江省委书记习近平以“八八战略”为总纲，实施了“千村示范、万村整治”工程、发展高效生态现代农业、建设绿色浙江、山海协作工程、欠发达乡镇奔小康、“三位一体”的合作联合组织发展等一系列“统筹城乡兴‘三农’”的工程项目，使浙江美丽乡村建设和现代农业发展走在全国前列。今天浙江已成为农村人居环境最优美、农民生活最富裕、城乡差距最小的省份，率先迈入了乡村振兴新时代，奏响了一曲千万农民自由而全面发展的时代凯歌，走出了一条先富带后富、共创共富、共建共享的社会主义共同富裕的新路子。

第一节 发展新理念引领浙江农民持续增收

改革开放以来，特别是进入 21 世纪，浙江在习近平同志提出的“八八战略”的指引下，在“千村示范、万村整治”工程、欠发达乡镇奔小康工程、山海协作工程等一系列工程的推动下，以深化城乡综合配套改革为强大动力，在创新、绿色、协调、开放、共享的发展新理念的引领下，走出了一条广大农民快速致富、共创共富的发展新路子。概括起来主要有以下五条经验。

一、以创新发展理念为引领，走大众创业、万众创新的“双创”之路

改革开放前计划经济体制和人民公社体制虽然也取得了一定成绩，但是“大锅饭、大呼隆”的体制扼杀了农民自由发展的权利和创造力。浙江把家庭联产承包责任制改革对农民生产力的解放运用到了极致，通过千百万农民率先闯市场，鼓励农民以市场为导向调整优化农业结构，鼓励农民务工经商，大力发展乡镇经济、家庭

工业和个体私营经济，率先在全省快速推进市场化、工业化和城镇化的进程，促进农民分工分业分化，让千百万农民成为自主创业创富的市场经营主体，形成了百万能人创业创富、千万农民就业致富的新格局。以乡镇企业、个私经济为主体的民营经济不仅带动了农民快速致富，也成为推动浙江工业化、市场化最强大的力量。2018年，民营经济创造了全省65%的GDP，提供了87%的就业岗位，成为全省市场经济绝对的主体力量，市场化、工业化、城镇化中的浙江农民的创造力得到了前所未有的爆发。同时，浙江各级政府按照习近平同志的"以人为本谋'三农'"的要求，为农民自由全面发展创造环境，大力改善基础设施、公共服务和人居环境，推进"最多跑一次"改革，形成了"人民大众创业创富、人民政府管理服务""人民大众创造财富、人民政府创造环境"的大众市场经济的创新发展模式。这一"大众创业、万众创新"的发展路子，全面地体现了习近平同志以人民为中心的发展思想，做到了发展为了人民、发展靠人民、发展成果为人民共享，浙江这一大众市场经济的运行机制使浙江"三农"发展表现出了极大的创造力。

二、以协调发展理念为引领，走城乡融合、产业融合的"二融"之路

城乡关系在"三农"问题解决上起着极为重要的作用。改革开放前，城乡分割的二元结构和农业支持工业、农村奉献城市的体制，使农业农村长期处于落后状态。改革开放以来，逐步改革了城乡二元分割结构，允许农民到城镇务工经商，走出了一条农民城镇农民建的城镇化之路，县城和小城镇成为农民首选的安居乐业之地。浙江全省城镇化率从新中国成立初的10%左右，上升到2018年的68.9%，城镇化成为推动农村发展最为强大的动力。21世纪以来，习近平同志倡导"统筹城乡兴'三农'"，亲自制定《浙江省统

筹城乡发展　推进城乡一体化纲要》，实施了新型城镇化与建设新农村双轮驱动的新战略，实施“千村示范、万村整治”工程，大力推动城市基础设施向农村延伸、城市公共服务向农村覆盖、城市现代文明向农村辐射，快速缩小了城乡在基础设施、公共服务和现代文明方面的差距。经过十几年坚持不懈的建设，落后衰败的农村变成了生态宜居的美丽乡村，农村人居环境得到了根本性改善，浙江打造了许多全国著名的生态宜居的美丽乡村。在这一背景下，城市出现了逆城市化和新一轮“上山下乡”的热潮，追求绿色生态的城市消费者热衷于到美丽乡村来休闲度假、养生养老，城市有识之士和城市资本技术也开始出现了“上山下乡”到美丽乡村发展民宿等美丽经济和从事现代农业。传统农业也出现了加速向现代农业转变的新趋势。家家粮棉油、户户小而全的小农经营大幅减少，适度规模经营的家庭农场、合作社、龙头企业成为新型农业经营主体，农地流转率达到了70%以上。大学毕业生、研究生、留学归来的高层次“农二代”和来自城市的农创客给浙江农业注入了新的生机和活力。同时，农业出现了功能多样化和一、二、三产业相融合的新趋势，休闲观光农业、文创农业、体验农业、智慧农业、设施农业等新型农业业态快速增多，现代农业呈现出与二、三产业深度融合的全产业链发展的新趋势。农业绿色化、标准化、品质化、品牌化让浙江农业呈现出前所未有的发展新态势，浙江农业快速走上高效生态的新型农业现代化道路。

三、以绿色发展理念为引领，走“绿水青山就是金山银山”的“两山”之路

浙江人多地少、人均资源稀缺，在新中国成立以来很长一段时间，为了解决产品短缺、工业品供应匮乏等问题，被迫走了一条以

牺牲生态环境为代价的粗放型、数量型经济发展之路。在世纪之交，生产发展与生态保护的矛盾更加突出。2003年，习近平同志高瞻远瞩地提出了建设生态省和绿色浙江的新战略。2005年在安吉首次提出“绿水青山就是金山银山”新理念，多次强调要以“绿水青山就是金山银山”新理念来引领浙江的绿色发展，强调优美的生态环境就是最普惠的民生福祉。在农村经济发展上，把为农民创造优美生活环境、优良生态环境放到首要位置。从2003年开始，实施“千村示范、万村整治”工程，全面开展农村人居环境和生态环境整治，并坚持一张蓝图绘到底、一届接着一届干，持续不断地开展“五水共治”“三改一拆”“四边三化”等整治行动，将原来污染严重的“垃圾村”建设成为生态宜居的美丽乡村。持续17年美丽乡村建设，久久为功，造就了万千美丽乡村，美丽乡村成为农民引以为豪的美好生活的幸福家园，也成为城市人越来越向往的休闲度假、养生养老的生态乐园。越来越多的城市消费者、投资者兴起“上山下乡”的新热潮。乡村旅游、农家乐、民宿、体验农业等美丽经济和“乡愁产业”成为“绿水青山就是金山银山”转化的有效载体，这些绿色产业成为浙江农民创业就业、创业致富的新亮点。经济生态化和生态经济化双管齐下的方略，让浙江农业农村经济发展越来越绿色化和可持续，体现了把农民群众对美好生活的追求作为“三农”发展最高目标的理念。

四、以开放发展理念为引领，走对外开放、协同推进的“两开”之路

通过对改革开放前后的经济发展路子的比较，浙江干部群众意识到全方位开放经济和市场经济是发挥资源小省、市场大省优势的必然选择。习近平同志强调浙江要发展地处沿海地区的区位优势和市场经济的发展优势，加大对外开放和对内开放，在开放中发挥浙江劳动力资源和人才资源的比较优势。浙江各地抓住中国的对外开放新机遇，大力发挥劳动力人才和工贸优势，大力发展市场在外、原料基地在外的“两头在外”的集聚化、特色化生产加工、贸易基地，形成了柯桥轻纺、海宁皮革、义乌小商品、永康小五金、桐乡羊毛衫、嘉善木业、东阳红木家具、大唐袜业、织里童装、鹿城鞋业、嵊州领带等特色块状经济。这种“两头在外、无中生有”的块状产业是县域经济、农村经济的强大支撑和竞争力所在，是浙江农民创业就业的主阵地，也是浙江民营经济具有强大竞争力的重要因素。如今浙江已经形成了 600 多个块状产业，有 500 个产业产值超过 5 亿元。近年来在块状经济基础上，小而特、小而精、小而美、小而强的 100 多个产城一体的特色小镇孕育而生，这种特色化、集群化的开放型经济让浙江农民心灵手巧、市场嗅觉灵敏等优势发挥得淋漓尽致。在浙江这些以县城和小城镇为依托的特色块状经济集聚发展的地方，浙江农民只要有劳动能力就可以找到工作岗位，只要有资本就可创业办实业。目前这种对外对内双向开放和市场、原料两头在外的块状经济正向产业集群的方向转型，并通过智能化改造促进传统制造业向先进制造业转型。通过这种双向开放的特色块状经济的发展，以农民和民营经济为主体的县域经济也得到了不断提升，成为浙江“三农”发展极为亮丽的风景线。

五、以共享发展理念为引领，走先富带后富、共创促共富的“两富”之路

习近平同志在浙江工作期间十分重视先富带后富，倡导农村要发展新型合作经济和集体经济，倡导发达地区支持欠发达地区，把扶贫开发作为“三农”工作的一个重点来抓。他积极推动农村经营体制变革，使浙江农村率先形成了符合社会主义市场经济发展

要求的经营体制。确立了农户家庭经营在农业生产中的主体和基础地位，强调这是适合农业自然再生产和经济再生产相结合的产业特点，也适合社会主义市场经济运行机制，但家庭经营规模太小、数量太多、参与市场竞争能力非常有限。因此，习近平同志强调在发挥家庭经营在农业生产中的基础作用的同时，充分发挥合作经营在农民走向市场中的服务作用。为了适应现代农业发展的要求，浙江在农业经营体制上不断推陈出新，一方面按照承包农地三权分置的原则，促进土地经营权向专业大户、家庭农场和龙头企业集中，促进家庭经营向适度规模经营方向发展；另一方面，通过发展专业合作社，特别是大力发展生产合作、供销合作、信用合作“三位一体”的农合联组织，为农业家庭经营提供全方位的合作服务。与此同时，村经济合作社作为集体土地所有者代表和社区集体经济组织，承担起发展壮大集体经济为社员服务的职能，在农业创业创富和收入分配方面，致力于打破分配上的平均主义和“大锅饭”，允许和鼓励一部分人和一部分地区，通过勤劳致富和创业创市场先富起来，同时引导和鼓励先富带后富、先富帮后富。各级政府也积极扶贫济困，促进欠发达地区加快提升造血功能，消除贫困现象，帮扶贫困户脱贫致富。浙江通过加快欠发达地区交通、电力、通信、水利、生态等基础设施和教育、卫生等公共服务体系建设，改善欠发达地区生态环境，大力推进产业扶贫、教育扶贫、医疗扶贫、生态移民和低保兜底等扶贫措施，率先成为消除绝对贫困人口的省份。浙江“三农”发展的实践证明，共同富裕不等于平均富裕，不能通过搞纯而又纯的公有制、过度集中的单一公有制经济来实现，而是要通过发展社会主义市场经济，充分发挥市场机制的基础作用和政府的积极有为作用，让千百万农民成为独立的家庭经营的市场主体，在此基础上，政府通过发展合作经营和扶贫攻坚，帮扶欠发达地区和低收入群体增强发展能力。只有让一部分地区、一部分人群先富起来，才能形成先富带后富、大家共同富裕的共同发展的新格局。

第二节　发展壮大农村集体经济，走共创共富共同富裕之路

农村基本经营制度是我国社会主义基本经济制度的重要组成部分，也是中国农村实现共同富裕目标的基础性体制保障。党的十九届四中全会决定提出：把深化农村产权制度改革、发展农村集体经济、完善农村基本经营制度作为坚持和完善社会主义基本经济制度，推动经济高质量发展的重要任务。改革开放以来，特别是21世纪以来，习近平同志多次强调浙江要把巩固农村基本经营制度、发展壮大农村集体经济作为推动“千万工程”和农民共同富裕的重大举措，探索发展壮大农村集体经济、完善农村基本经营制度的新路子。

一、坚持以习近平同志关于完善农村基本经营制度的重要论述为指导

习近平总书记是有深厚“三农”情怀和丰富“三农”实践经验的党和国家领导人。他在多个场合都强调，农村基本经营制度是党的农村政策的基石。坚持农村基本经营制度，不是一句空口号，而是有实实在在的政策要求。具体讲，有三个方面要求。

第一，坚持农村土地农民集体所有。这是坚持农村基本经营制度的“魂”。农村土地属于农民集体所有，这是农村最大的制度。

农村基本经营制度是农村土地集体所有制的实现形式,农村土地集体所有权是土地承包经营权的基础和本位。第二,坚持家庭经营基础性地位。家庭经营在农业生产经营中居于基础性地位,集中体现在农民家庭是集体土地承包经营的法定主体。农民家庭承包的土地可以由农户家庭经营,也可以通过流转经营权由其他经营主体经营。但不论承包经营权如何流转,集体土地承包权都属于农民家庭。这是农民土地承包经营权的根本,也是农村基本经营制度的根本。第三,坚持稳定土地承包关系。现有农村土地承包关系保持稳定并长久不变,这是维护农民土地承包经营权的关键。任何组织和个人都不得剥夺和非法限制农民承包土地的权利。①

习近平总书记还强调,现阶段深化农村土地制度改革要更多考虑推进中国农业现代化问题,走出一条中国特色农业现代化道路。他强调:“我们要在坚持农村土地集体所有的前提下,促使承包权和经营权分离,形成所有权、承包权、经营权三权分置,经营权流转的格局。”②习近平总书记还提出:“发展多种形式适度规模经营,培育新型农业经营主体,是建设现代农业的前进方向和必由之路,要注重发挥新型农业经营主体带动作用,培育各类专业化市场化服务组织,提升小农户生产经营组织化程度,改善小农户生产设施条件,提升小农户抗风险能力,扶助小农户拓展增收空间,把小农生产引入现代农业发展轨道。”③

习近平总书记还提出要用好深化改革这个法宝,推动人才、土

① 习近平.坚持和完善农村基本经营制度[M].北京:中国文献出版社,2018:70-71.

② 习近平.在中央全面深化改革领导小组第五次会议上的讲话[N].人民日报,2014-09-30.

③ 习近平.走中国特色社会主义的乡村振兴之路[M].北京:中国文献出版社,2018:398-399.

地、资本等要素在城乡间双向流动和平等交换，激活乡村振兴内在活力，建立健全集体资产各项管理制度，完善农村集体产权权能，发展壮大新型集体经济，赋予双层经营体制新的内涵。习近平总书记强调："积极发展农民股份合作、赋予集体资产股份权能改革试点的目标方向，是要探索赋予农民更多财产权利，明晰产权归属，完善各项权能，激活农村各类生产要素潜能，建立符合市场经济要求的农村集体经济运营新机制。搞好这项改革，一项重要基础工作是保障农民集体经济组织成员权利。要探索集体所有制有效实现形式，发展壮大集体经济。"①

二、以新思维探索发展壮大集体经济新路子

完善农村基本经营制度、发展壮大农村集体经济制度是完善中国特色社会主义基本经济制度的基础性工作，在实施乡村振兴战略和建设美丽乡村的新时代，追求更加美好的全民小康生活，实现共同富裕的理想目标，使得完善农村基本经营制度、发展壮大集体经济更为重要和迫切。总结各地最新实践，发展壮大农村集体经济有五条有效新路径。

（一）发挥农民集体所有资源优势，走强村富民新路子

宪法赋予的土地、山林、水面等农民集体所有的资源是村集体经济组织最大的经济优势，发展壮大农村集体经济首先就是要充分发挥这一优势，找准具有市场前景的产业，将资源变资本变资产，可以股份制、股份合作制形式与国有资本、社会资本进行合作生产开发，可以搞农业开发，也可以搞二、三产业开发。特别是可

① 习近平.在中央全面深化改革领导小组第五次会议上的讲话[N].人民日报，2014-09-30.

以利用集体非农建设用地，进行市场化开发，发展物业经济，既为农民提供大量就业岗位，又能为集体带来丰厚而稳定的赢利。还可以依托美丽乡村发展乡村旅游业，积极发展农家乐、民宿、健康养生养老产业等美丽经济。

（二）深化集体经济产权制度改革，促进集体资产保值增值

适应社会主义市场经济发展要求，通过股份合作制改革，明晰产权，让集体经济组织成员成为拥有明晰产权权利的股东，让集体经济组织成为充满活力的市场主体，积极与国有资本、各类社会投资主体开展互惠互利的生产经营开发，在经营管理上实行所有权与经营权分离，实现了集体资产多种形式的保值增值，委托有经营才能的人来经营集体资产，构建起适应社会主义市场经济发展要求的新型集体经济经营形式，确保集体资产快速增值和保值，确保广大社员股东平等享受集体资产增值的好处。

（三）走联合发展之路，抱团发展农村集体经济

农村地域广阔，区位条件、自然经济实际差异性极大，再加上单个村发展空间十分有限，因此走联合合作发展之路，抱团发展集体经济不失为一条好路径。现在各地把这一方法应用于强村带弱村的发展模式和抱团取暖式发展：一是确定一批经济强村结对帮扶一批经济薄弱村；二是选择一批市场前景好的物业项目作为当地经济薄弱村合作联合参股的发展项目，项目经营红利返回给经济薄弱村分红。

（四）充分发挥集体统一服务优越性，构建新型双层经营体制

既能发挥农户家庭经营的积极性，又能发挥集体统一经营制度的优越性，是双层经营的农村基本经营制度优越性之所在。在实施乡村振兴战略、发展乡村新型服务业和现代农业领域都可以发挥集体统一经营和服务的优越性。现在越来越多的家庭从事农家乐和民宿，农家乐带动了全村农户纷纷效仿，同时村集体又与专业旅游公司等合作成立村旅游开发公司，打出统一经营品牌，积极开拓市场，招揽客人，改善基础设施和专业服务，形成了有分有合、有机融合的充满活力的双层经济体制。同时，在现代农业发展上村集体也发挥着中介人的作用，在土地经营权流转、农业产业布局、新经营主体引进上都发挥统一服务功能，为农业经营主体的经营创造多种便利条件。

(五)出台特别扶持政策，消除集体经济薄弱村

许多地方党政部门都把扶持集体经济发展，消除经济薄弱村作为全面建成小康社会和打赢脱贫攻坚战的一项重大举措，在实践中也取得了良好的效果。如浙江省专门出台了消除集体经济薄弱村的专项政策措施，从财政扶持、土地政策、项目支持、结对帮扶、体制改革等方面为农村集体经济薄弱村发展提供强有力的支持，并要求各级党委政府从工作部署、领导精力上确保这项工作落到实处。

三、党和政府要为发展壮大农村集体经济提供政策和体制保障

发展壮大农村集体经济，完善农村基本经营制度，是贯彻落实党的十九届四中全会精神，完善中国特色社会主义基本经济制度一项十分重要和紧迫的任务。我们要认真学习践行习近平总书记关于巩固和完善农村基本经营制度的重要论述，并用以指导农村土地制度改革的深化和农村集体产权制度的完善，为新时代农村集体经济发展壮大提供强大的体制机制和政策保障。

（一）营造良好的发展集体经济的社会氛围，为农村集体经济发展提供制度化的法律保障

我们要从巩固完善社会主义基本经济制度，发展壮大社会主义公有制经济的政治高度，为农村集体经济发展壮大创造良好的环境，还要从目前我国尚未有农村集体经济组织法规条例的实际出发，按照完善农村基本经营制度的要求，抓紧制订相关条例，把40多年农村基本经营制度改革的成果通过法律法规的形式加以巩固完善，为中国特色社会主义农村基本经营制度提供制度化的法律保障。

（二）深化农村集体经济产权制度改革，为农村集体经济发展提供更有活力的体制保障

农村集体经济组织的股份合作制改革和三权分置的农村土地制度改革，被实践证明是顺应社会主义市场经济发展要求，激发农村集体经济活力的成功改革。我们要按照习近平总书记关于巩固完善农村基本经营制度，深化农村土地制度改革的重要论述精神，把这方面改革加以推进和落实。建立起真正体现农民当家作主民主权利、产权明晰、权责明确，有利于实现共同富裕理想目标要求的农村集体经济新型双层经营体制，使农户家庭经营的积极性、创造性充分发挥，集体经济统一经营和服务优越性得到充分发挥。

（三）优化农村集体经济发展的政策环境，为农村集体经济发展提供更加有效的政策保障

与国有经济的发展环境相比，作为农村社会主义公有制经济有效实现形式的农村集体经济其发展政策环境还要进一步优化，我们一定要从巩固农村基层政权、巩固农村社会主义公有制经济和实现共同富裕理想目标的政治高度出发，制定更加有利于农村

集体经济发展壮大的政策，从国家财税政策、金融支持、土地使用政策、基础设施建设、人才支持等方面提供更加有效的政策保障。

（四）以基层党建为引领，为农村集体经济发展提供更加可靠的组织保障

完善以农村基层党组织为核心的村民委员会自治组织和农村集体经济组织，“三位一体”的农村基层组织体系是农村集体经济发展壮大重要的组织保障。农村基层党组织的战斗力和凝聚力是农村集体经济组织强有力的政治保障。由村基层党组织的领导人来兼任村集体经济组织领导人的做法被实践证明是非常有利于农村集体经济发展的管理运行体制，充分体现基层党组织对农村集体经济组织的有效领导。同时，积极创造条件，让广大农村共产党员在农村集体经济的发展中发挥先锋模范作用。

（五）选拔和培养农村集体经济发展的领头雁，为发展壮大农村集体经济提供更加有力的人才保障

发展壮大农村集体经济需要一批既有带头致富的能力，又有带领农民群众共同致富的奉献精神的“双带”领头人。我们在选择和推选农村基层党组织和集体经济发展领头人的时候，必须要注重把在改革开放40多年中率先走上致富之路的农村经营能人，按德才兼备的要求，选拔到农村基层党组织和农村集体经济组织的领导队伍中来，成为得到农民群众拥护，又能搏击市场风云，能经营管理好集体资产，促进集体资产保值增值的农村集体经济发展的领头雁。各地的实践证明，把原来走出村庄到城市去务工经商办实业的乡贤们请回来，让他们为集体经济发展出资出力是十分有效的举措，我们要通过实施这种“红雁”工程，为农村集体经济发展提供强大的人才保障。

第三节　率先推进扶贫攻坚、实现全面小康一个都不少

摆脱贫困、扶贫济困，一直是党的农村工作的重点和难点。浙江虽然地处沿海地区，但人多地少，在计划经济年代，农民还是普遍比较贫困的。改革开放以来，率先推进市场化改革，浙江各地纷纷走上改革开放富起来的道路。但由于历史和地理自然原因，浙江西南山区发展相对滞后，贫困人口也相对较多，时任浙江省委书记习近平从浙江区域发展不平衡和贫困人口主要集中在欠发达山区的实际出发，实施区域重点扶贫，让浙江率先完成了扶贫攻坚任务，提前完成了人人小康、户户小康的全面小康建设的历史任务。

一、综合施策的精准脱贫路径

习近平同志任浙江省委书记期间，亲自抓扶贫工作，他特别强调要因地因人制宜、综合施策，才能做到脱贫效果的精准。总结浙江主攻贫困区域和综合施策的阵地战扶贫实践，概括起来讲，就是采用个案精准与整体综合相结合的方法，采取"破穷障、改穷业、挪穷窝、挖穷根、兜穷底"五管齐下综合施策的路径选择。

（一）破穷障：加强贫困地区基础设施建设

基础设施落后、交通不便、信息闭塞是制约贫困地区经济发展、脱贫致富的重要瓶颈。习近平同志在浙江工作期间，就强调要将加强基础设施建设作为促进欠发达地区扶贫开发的基础性措施来抓，并先手实施了"县县通高速""乡乡通等级公路""行政村通公交"和"有线电视、宽带村村通"等多项农村基础设施建设改造提升工程。在主持中央工作以后，习近平总书记在多个场合强调"要面

向贫困地区特别是边疆农村牧区，打通‘毛细血管’，解决‘最后一公里’问题，全面推进与群众生产生活密切的通水、通路、通电等建设，为兴边富民打好基础。要继续加快铁路、公路、民航、水运建设，形成对长期发展起支撑作用的区域性大动脉”，“边疆地区要抓紧推动与有关国家和地区的交通、通信等基础设施的互联互通，建设国际大通道、推动区域经济合作”。[①]

（二）改穷业：实施产业扶贫发展致富

自给半自给的小农经济、低效低档的传统产业、缺乏有效的就业创业机会是影响贫困地区和贫困人口收入增长的最主要经济因素。作为精准扶贫和精准脱贫“五个一批”的重头戏，习近平同志将产业扶贫这种授之以渔的扶贫方式作为稳定脱贫致富的根本途径和长远之计。在浙江时，他大力培植和发展绿色产业，将高效生态农业、农产品加工业、生态林业等作为脱贫致富的主导产业，使欠发达地区的资源优势有效转化成为产业优势、经济优势。近年来，习近平总书记也多次强调，要“扶持生产和就业发展一批”，带动一批人群脱贫致富。特别是对有劳动能力、可通过生产和务工实现脱贫的贫困人口，要加大产业培育扶持和就业帮助力度，因地制宜多发展一些贫困人口参与度高的区域特色产业，扩大转移就业培训和就业对接服务，使这部分人通过发展生产和外出务工实现稳定脱贫。

（三）挪穷窝：实施生态移民异地脱贫

目前，中国大约还有1000万贫困群众居住在深山、石山、高寒、荒漠化等生存环境差、不具备基本发展条件的地方，以及生态

---

① 国家民族事务委员会．中央民族工作会议精神学习辅导读本[M]．北京：民族出版社，2015.

环境脆弱、不宜开发的地方。多年来的扶贫实践表明，在这些地方就地采取扶贫措施，不仅成本高，而且很容易返贫，难以取得持久效果。因此，生态移民、下山脱贫、易地搬迁就成为这些贫困地区群众脱贫致富的一种上策之选。习近平同志在浙江工作时就特别强调“挪穷窝”的举措。他认为，对居住在“一方水土养不起一方人”地方的贫困人口，要实施易地搬迁，将这部分人搬迁到条件好的地方，从根本上解决他们的生计问题，这样做还有利于这些地方的生态环境保护。他亲自到温州泰顺等县实地考察整村整乡的异地搬迁工程，强调要把生态移民、脱贫致富与新型城镇化和小城镇建设结合起来，引导高山、远山和地质灾害严重地区农户搬迁到有产业基础的县城和中心镇去。

（四）挖穷根：教育扶贫阻断贫困代际传递

贫困山区教育落后、师资不足，贫困人口受教育程度低，创业就业能力缺乏，是造成贫困的根本性原因。实施教育扶贫、智力扶贫，是一项增强贫困人口自我发展能力、从根本上阻断贫困代际传递的重要战略举措。习近平同志在浙江推动欠发达地区扶贫工作时，率先实施了大中专农业技术类学生免收学杂费和欠发达地区低收入农户子女免费上中专和技校的政策。到中央工作后，习近平总书记也特别关注教育扶贫、教育脱贫这一大课题，他认为抓好教育是扶贫开发的根本大计，强调扶贫先扶智，确保贫困人口子女都能接受良好的基础教育，鼓励开展职业教育。他多次提出：“要加大对农村地区、民族地区、贫困地区职业教育支持力度，努力让每个人都有人生出彩的机会”[①]；“要帮助贫困地区群众提高身体素

① 习近平.就加快发展职业教育作出重要指示[N].人民日报，2014-06-24.

质、文化素质、就业能力，努力阻止因病致贫、因病返贫，打开孩子们通过学习成长、青壮年通过多渠道就业改变命运的扎实通道，坚决阻止贫困现象代际传递”[①]；“要紧紧扭住教育这个脱贫致富的根本之策，再穷不能穷教育，再穷不能穷孩子，保证贫困家庭孩子受到教育，不要让孩子输在起跑线上”[②]。

(五)兜穷底：低保医保救助特困群体

基本丧失劳动能力的老弱病残人员是贫困人口中“难中之难”的特困群体，让他们也能同步过上小康生活，这是共享发展理念的充分体现。习近平总书记明确把“低保政策兜底一批”作为精准扶贫“五个一批”的不可或缺的重要政策举措。他强调，对丧失劳动能力、无法通过产业扶持和就业帮助实现脱贫的贫困人口，要通过社会保障实施政策性兜底扶贫，主要是纳入低保体系。这部分人由于不具备劳动能力甚至生活能力，不少是残疾和智力障碍人口，无法通过开发性扶贫政策实现脱贫。

习近平总书记强调要通过低保和社会救助等方式稳定解决生计问题，要研究贫困地区扶贫线和低保线“两线合一”的实施办法，把低保线提高到扶贫标准线，对这部分人实行应保尽保。与此同时，医疗救助、医疗保障也要一并纳入，作为政策兜底的重要组成内容。习近平总书记提出，要研究调整民政救助政策和新型农村合作医疗政策，完善大病保险政策，增加大病报销比例和救助力度，发挥医疗救助保障对防贫、脱贫的重要作用。到 2020 年实现“两不愁、三保

① 习近平.在参加十二届全国人大三次会议广西代表团审议时的讲话(2015 年 3 月 8 日)[N].人民日报，2015-03-09.

② 中共中央文献研究室.在中央农村工作会议上的讲话(2013 年 12 月 23 日)[M]//十八大以来重要文献选编(上).北京：中央文献出版社，2014：682.

障”。“两不愁”，就是稳定实现农村贫困人口不愁吃、不愁穿；“三保障”，就是农村贫困人口义务教育、基本医疗、住房安全有保障。

二、打好以区域经济转型发展促脱贫攻坚的组合拳

实施精准脱贫战略和促进区域经济加快转型发展是扶贫攻坚中相互关联、不可或缺的两大战略。由于我国绝大多数重点贫困地区为中国的重点生态功能区，往往处于大江大河的源头地区和生态屏障地区，浙江贫困地区也集中在浙西南山区，这些地区如果持续走传统工业化的粗放型发展模式，必将为牺牲环境付出巨大的代价。因此，时任浙江省委书记习近平强调重视区域经济转型发展对扶贫攻坚的关联性和重要性。欠发达地区尤其要大力实施绿色发展、新型城镇化、农业现代化战略，同时推进美丽乡村建设和城乡综合配套改革，多措并举，全面推进，促进欠发达地区经济转型发展和扶贫攻坚。

（一）欠发达县必须走绿色发展、生态富民、科学跨越之路

2005 年，习近平同志在安吉首次提出了“绿水青山就是金山银山”理念，并在《浙江日报》的“之江新语”栏目中进行了系统的理论阐述。其后，习近平同志在欠发达山区调研中更强调山区脱贫致富要发挥好生态资源优势，走“绿水青山就是金山银山”的绿色发展之路。浙江省 26 个重点山区县在“十二五”能够实现弯道超车，充分说明“两山”的绿色发展之路特别适合欠发达山区县的发展。山区老百姓切身感受到了，只要把“绿水青山”保护好了，让它们美丽起来，就能带来越来越多的“金山银山”。从浙江和全国欠发达山区走“两山”之路的实践来看，必须抓住护美绿水青山，构筑绿色发展新平台；经营绿水青山，做大生态美丽新经济；推介绿水青山，彰显绿美山区新魅力；盘活绿水青山，构建要素产权新市场这四个

环节，才能充分发挥欠发达山区的生态优势，实现绿色发展、生态富民，加快脱贫致富奔小康的步伐。

（二）以新型城镇化引领城乡一体化是精准脱贫的必然选择

统筹城乡发展，推进新型城镇化，这是从根本上解决“三农”问题必须长期坚持的发展方略。农业与二、三产业，城市与农村存在着非常紧密的依存关系。在欠发达地区推进新型城镇化就是把农村和城镇作为一个有机统一的整体加以统筹协调，形成以城带乡、以工促农、城乡互动、协调发展的体制和机制。习近平同志在浙江工作期间，特别重视新型城镇化对欠发达山区脱贫致富的引领和促进作用，强调越是欠发达地区，越是要加快新型城镇化。他倡导实施的“小县大城”战略，加快提升了欠发达县城镇化水平，有序促进了山区农民向县城和小城镇转移就业和创业。通过生态移民和下山脱贫与新型城镇化紧密结合，积极创造条件让下山脱贫移民小区建造在县城和中心镇的周边，使下山的农民能够移得下、稳得住、富得起。在“十三五”开局之年，习近平总书记又对深入推进新型城镇化建设作出重要指示，他强调城镇化是现代化的必由之路，新型城镇化建设一定要站在新起点、取得新进展，“要坚持以创新、协调、绿色、开放、共享的发展理念为引领，以人的城镇化为核心，更加注重提高户籍人口城镇化率，更加注重城乡基本公共服务均等化，更加注重环境宜居和历史文脉传承，更加注重提升人民群众获得感和幸福感。要遵循科学规律，加强顶层设计，统筹推进相关配套改革，鼓励各地因地制宜、突出特色、大胆创新，积极引导社会资本参与，促进中国特色新型城镇化持续健康发展”①。并且要求

① 习近平.对深入推进新型城镇化建设作出重要指示（2016 年 2 月）[N].人民日报，2016-02-24.

各地将新型城镇化作为欠发达地区转型发展和扶贫开发的重大举措。

(三)现代农业发展和美丽乡村建设是县域脱贫攻坚重头戏

发展现代农业,走具有中国特色的农业现代化道路,是实现中国现代化最艰巨的任务,也是推进社会主义新农村建设的首要任务。习近平总书记认为,“扶贫开发要同做好农业农村农民工作结合起来,同发展基本公共服务结合起来,同保护生态环境结合起来,向增强农业综合生产能力和整体素质要效益”①。他在浙江工作期间从农业发展进入新阶段的实际和农业自身的特点出发,提出了走“高效生态新型农业现代化道路”的战略思路,提出要“以科学发展观统领农业发展,以新型工业化理念引领农业、以新型工业化成果反哺农业、以新型城镇化带动农民转移,加快把传统农业改造成为有市场竞争力、能带动农民致富、可持续发展的高效生态农业”②。近年来,他要求中央有关部门和地方领导都要加快转变农业发展方式,加快农业技术创新步伐,让农业成为有奔头的产业,让农民成为体面的职业,使特色高效农业成为促进农民脱贫致富的产业支撑。同时,他多次强调集中连片的重点贫困地区要加大力度,把农村危房改造、村庄基础设施建设、公共服务体系建设加以整体推进,从根本上改变这些贫困村庄的生产生活条件和居住环境,使农民在美丽乡村中发展美丽经济,在脱贫致富中实现安居乐业。

习近平同志早年在浙江启动了“千村示范、万村整治”工程,建设美丽乡村,全面开展农村环境整治,并将这项工程作为欠发达地

① 习近平在湖南考察时强调:深化改革开放推进创新驱动 实现全年经济社会发展目标[N].人民日报,2013-11-06(1).

② 习近平.走高效生态的新型农业现代化道路[N].人民日报,2007-03-21(9).

区改变落后面貌的重大举措来抓。美丽乡村建设已成为浙江新农村助推欠发达地区扶贫攻坚的有效抓手。实践证明，把生态文明建设与新农村建设紧密结合起来，促进城市基础设施向农村延伸，公共服务向农村覆盖，现代文明向农村辐射，把一大批脏乱差的村庄改造成为美丽生态的农村新社区，对整个农村，特别是欠发达地区农村面貌的改变和农民生产生活条件的改善起了很大的促进作用。

（四）推进城乡综合配套改革，增强贫困地区发展活力

习近平同志深谙改革对激发扶贫攻坚活力的重要性，他认为，改革是培育和释放市场主体活力、推动经济社会持续健康发展的根本动力。要围绕破解经济社会发展突出问题的体制机制障碍，全面深化改革，增强改革意识，提高改革行动能力，使市场在资源配置中起决定性作用和更好发挥政府作用，形成对外开放新体制，加快培育国际竞争新优势。近年来，习近平总书记强调把深化城乡综合配套改革，突破城乡二元体制，激发农村与农民的活力作为加快农业农村发展的重大举措。他在中西部省份和重点贫困地区调研时都强调要把深化城乡配套的综合体制改革特别是土地制度改革、农村产权制度改革和农业经营体制改革作为增强农业农村发展新动能、增加农民财产性收入、加快农民脱贫致富步伐的重大战略举措。他认为，从欠发达地区的实际来看，要把山区的绿水青山转化成金山银山也必须要通过这种产权制度和经营体制的改革，让绿水青山活起来，农民致富的金山银山才会越来越大。通过这种改革，能够把贫困地区沉睡的资源转化为农民脱贫致富的资本，促进城乡之间资源要素互利互通的有效配置，形成新的以工促农、以城带乡的机制，增强欠发达地区发展的新动力。

三、上下协同的大扶贫体制

“人心齐，泰山移。”浙江将凝聚全社会的力量作为打赢扶贫攻坚战的力量源泉，强调要发挥社会主义集中力量办大事的优越性，构建起上下协同的大扶贫体制作为确保扶贫攻坚任务完成的最为重要的体制机制保障和政治保障。

（一）构建“三位一体”的大扶贫格局

扶贫攻坚是一个庞大的系统工程，时任浙江省委书记习近平十分重视从中国的现有政治经济社会体制和扶贫实际出发来构建一种新型的扶贫格局。他强调，扶贫开发是全党全社会的共同责任，要动员和凝聚全社会力量广泛参与。要坚持专项扶贫、行业扶贫、社会扶贫等多方力量、多种举措有机结合和互为支撑的“三位一体”大扶贫格局，强化举措，扩大成果。政府要在大扶贫格局中体现主导作用，财政资金要发挥在扶贫资金中的支柱作用，各级财政要加大对扶贫开发的支持力度，形成有利于贫困地区和扶贫对象加快发展的扶贫战略和政策体系。

（二）强化“五个层级”的领导责任保障

切实落实领导责任是坚持党的领导和发挥社会主义制度可以集中力量办大事优势的重要保障。浙江着力构建省市县乡村五级一起抓扶贫，层层落实责任制的治理格局。明确省负总责、市（地）县抓落实的管理体制，片为重点、工作到村、扶贫到户的工作机制，党政一把手负总责的扶贫开发工作责任制，真正落到实处。要做好政策制定、项目规划、资金筹备、考核评价、总体运筹等工作，省级要做好目标确定、项目下达、资金投放、组织动员、检查指导等工作，市（地）县要做好进度安排、项目落地、资金使用、人力调配、推进实施等工作。党政一把手要当好扶贫开发工作第一责任人，深入贫困乡村调查研究，亲自部署和协调任务落实。

（三）健全服务型的农村基层组织保障

农村要发展，农民要致富，关键靠支部。浙江省十分重视发挥农村基层党组织在扶贫攻坚中的战斗堡垒作用，抓好党建促扶贫，是浙江贫困地区脱贫致富的重要经验。要把扶贫开发同基层组织建设有机结合起来，抓好以村党组织为核心的村级组织配套建设，把基层党组织建设成为带领乡亲们脱贫致富、维护农村稳定的坚强领导核心，发展经济、改善民生、建设服务型党支部，寓管理于服务中。强调两条加强基层扶贫工作的有效措施：一是要鼓励和选派思想好、作风正、能力强、愿意为群众服务的优秀年轻干部、退伍军人、高校毕业生到贫困村工作；二是要选派扶贫工作队作为加强基层扶贫工作的有效组织措施，要做到每个贫困村都有驻村工作队、每个贫困户都有帮扶责任人。工作队和驻村干部要一心扑在扶贫开发工作上，使基层组织真正发挥基础性的政治保障作用。

案例 4-1

湖州市促进农民增收共富的经验做法

农民增收是“三农”工作的永恒主题。湖州市委、市政府高度重视农民增收工作，坚持把促进农民增收作为“三农”工作的中心任务来抓实抓好，通过重要会议专题研究、出台创新政策举措、召开全市农村工作会议进行部署等，全面推进全市农民持续普遍较快增收。

近年来，湖州坚持以“农业增效、农民增收”为目标，创新工作思路，采取可行措施，大力推进农业供给侧结构性改革，持续加大强农惠农富农力度，促进农民持续增收，取得明显成效。2017 年全市农村居民人均可支配收入 28999 元、同比增长 9.4%，增幅高于城镇常住居民0.4个百分点、高于全省平均水平0.3个百分点，城乡收入比进一步缩小为1.72∶1；比2013年的20257元增加了8742元，四年时间增长了43.2%、年均增长9.38%。

1.深化农村改革促增收。围绕明晰集体产权归属，赋予农民更加充分的财产权利，“三权”确权基本完成。农村土地承包经营权确权工作全覆盖，农村宅基地登记发证和农房确权发证基本实现“应发尽发”，德清县“农地入市”国家级试点敲响全国“第一槌”。到2017年底，全市农田流转比例达61.3%，亩均流转收入超1100元。完成农村产权确权全覆盖。对农村土地承包经营权、宅基地用益物权、集体资产股权、农田水利设施所有权等进行全面确权，全面落实农民集体资产股份继承、退出、抵押等权能，保障进城镇落户农村居民合法权益。目前，全市已完成农村产权确权全覆盖，并统一纳入不动产登记范围，充分保障农民财产性权益。推进农村产权活权增收。建立农村综合产权流转交易体系。建成县级中心、镇(街道)分中心、村(社区)服务站、农户“四位一体”农村产权交易示范平台，到2017年底，共有10类权种进入流转交易平台，累计交易3015笔，共计8.50亿元。研究出台《关于深化农村综合产权金融创新的指导意见》。积极开展农村住房抵押借款、林权抵押贷款、土地承包经营权抵押贷款和农村信用体系建设等工作，到2017年底，全市农村产权抵质押贷款余额32.5亿元、授信余额38.9亿元。

2.培育新型主体促增收。按照“户转场、场入社、社联合，散升规、规改股、股上市”的培育思路，大力培育新型主体，有效发挥其带动农民发展现代农业、带动农民持续稳定增收的重要作用。做大农业龙头企业。紧紧抓住农业产业化这个现代农业与工业化的纽带，通过专项支持、项目引导、招商引资等途径，积极培育龙头企业。目前，全市现有规模以上的农业龙头企业(含市级及市级以上)238家，其中国家级农业龙头企业5家、省级38家、市级195家，建立各类生产基地(即种植基地、水产基地)566.46余万亩，农业龙头企业登陆资本市场达10家。做强农民专业合作社。市县镇(乡)三级“农合联”体系在全省率先建立，县区资产经营公司基本组建完成，落实3000万元的农民合作基金，三级农合联共发展会员4291个(其中农民合作经济组织会员达2800多个)。农民专业合作社遍地开花，全市现有工商注册的农民专业合作社1960家，其中国家级示范社15家、省级56家、市级117家；现有成员8.5万个，带动农户23.9万户。如湖州尹家圩粮油植保农机专业合作社流转土地3300多亩开展粮食规模化统一经营，同时积极吸纳周边农民在功能区内就业，每天支付劳动工资90～100元，农户既可从土地流转中得到租金，又可得到工资性收入，农民收入得到了有效增加。发展新型家庭农场。积极引导种养大户从“一业为主、多种经营”向“种养结合、集约经营”的家庭农场转变。全市已有工商注册的家庭农场1890家，其中市级示范性家庭农场183家、省级137家。

3.发展美丽经济促增收。依托美丽乡村建设成果，深度发展村庄经营新业态，推动产村融合发展，促进农民创业就业增收。高水平建设美丽乡村。全省美丽乡村创建先进县实现县区全覆盖，成为全省第一个拥有两个省级美丽乡村示范县的地级市；创建示范乡镇22个、精品村56个；创建市级美丽乡村622个、覆盖率89.6%；规划建设美丽乡村示范带22条，已建成19条；有序推进美丽宜居示范村创建和省级历史文化村落保护利用工作，美丽环境为农民增收创造了良好空间。高标准发展乡村旅游。美丽乡村建设带来了农村生产生活理念和方式的巨大改变。返乡创业就业的新一代农民推动“美丽乡村建设”向“美丽乡村经营”转变，农村休闲旅游业、农村养老产业快速发展。通过鼓励引导休闲观光农业发展，辐射带动各地民宿蓬勃发展，依托美丽乡村建设成果发展农家乐休闲旅游业、农村养老等农村新型业态。2017 年，全市农家乐休闲旅游共接待游客 2883.71 万人次、同比增长 23.78%，农家乐直接经营收入达到 43.06 亿元、同比增长 21.04%。大力发展农村电商。农村电子商务蓬勃发展，2017 年全市 6000 余个农产品电子商务经营主体销售额达 12 亿元，同比增长 40.6%。

4. 强农惠农政策促增收。深入推进农民素质提升工程，加强农村劳动力创业就业服务，创新农村经济发展机制，补齐低收入农户增收短板，全方位增强农民自我发展能力。制定出台一系列惠农政策促进农民收入的持续稳定增长。2017 年，市政府出台《关于深入推进农业供给侧结构性改革　促进农业绿色发展的十条意见》，通过实施 10 条政策意见来促进农业提质增效、农民持续增收。2013 年，市委出台《关于促进农民收入持续普遍较快增长的若干意见》，明确要求全市各级各部门合力促进农民经营性收入、工资性收入、财产性收入和转移性收入增长。市级有关部门、各县区因地制宜，也相继出台了一系列扶持政策来促进农民增收。建设一批农村创业平台。继续优化农村创业孵化平台，搭建农村综合性信息化服务平台，依托农业“两区”、美丽乡村、历史文化村落、特色小镇等，建设一批乡村创客空间、农民创业基地。德清县近年来持续加大农村劳动力创业就业服务，推进星创天地等返乡农民创业基地建设，深入实施农村劳动力素质提升工程，建设农业“两创”

实用人才队伍,重点抓好"学历+技能+创业+文明素养"新农村建设领军人才的培养,培育新型职业农民。加快城乡公共服务均等化发展步伐。完善农村社会保障体系,城乡居民最低生活保障标准2016年开始实现区域性同标,目前市区为每人每月738元,县为每人每月681元。城乡一体化教育、医疗卫生、养老、就业等制度不断完善。加大财政支农和民生改善力度,2006—2017年,全市财政预算内用于"三农"的资金达819亿元,保持投入资金每年不断递增。全面完成"五年强村计划",其中市本级共组织100个欠发达村和2个市级扶贫重点村实施欠发达村物业项目26个,实现年经营性总收益932.02万元、村均年收益9.14万元,湖州发展壮大集体经济的做法及成效被新华社《内参选编》刊发,省委常委、组织部部长任振鹤批示肯定。至2017年底,全市1035个村集体经济资产总计260.72亿元,总收入为18.97亿元、村均183.29万元,其中经营性收入为7.24亿元,占总收入的38.17%。全面完成低收入农户奔小康工程和低收入农户收入倍增计划,市政府专门出台《关于促进全市低收入农户收入倍增及扶贫重点村加快发展十二条政策意见》,通过加大产业扶持、支持就业创业、持续改善民生、健全社会帮扶、强化财政金融支持等措施,帮扶新一轮扶贫对象加快发展。到2015年,"4600"贫困现象全面消除;2017年全市低收入农户人均可支配收入14429元、同比增长15.3%。2018年开始实施促进新一轮低收入农户全面发展计划。吴兴区妙西镇桑农生态彩化苗繁育扶贫助残孵化项目向159户贫困户、低保户发放树苗,提供农资和技术,种植337万株彩色树种苗,总面积330亩,每户年增收4000元。加大金融支农力度。建立全省规模最大的村镇银行和村级资金互助社,实现县域村镇银行全覆盖;建立小额贷款公司19家;积极开展农村住房抵押借款、林权抵押贷款、土地承包经营权抵押贷款和农村信用体系建设等工作,推进德清县、长兴县农村承包土地经营权抵押贷款全国试点;创新开展“金融创新与美丽乡村升级互促共进”示范点建设,在全国首创发行“美丽乡村富民卡”,累计发放美丽乡村富民卡116085张,授信3721户共10.91亿元。

案例来源:中共湖州市委办公室、湖州市人民政府办公室关于印发《湖州市促进农民增收三年行动计划》的通知,2018-06-29.

案例简析 〉〉〉

小康不小康,关键在老乡。习近平总书记指出,农业农村工作,说一千、道一万,增加农民收入是关键。三产融合、技术驱动、品牌意识、规模效应、商业模式,都是典型的工业经营思维,源于贸易与专业分工的增长,源于技术和模式创新的增长,源于规模经济的增效。这些契合古典经济学理论的现代生产模式,切实在浙江农村生根开花。发展为了人民、发展靠人民、发展成果为人民共享,浙江坚持走“人民大众创造财富、人民政府创造环境”为运行机制的大众市场经济的创新发展之路,使浙江“三农”发展表现出了极大的创造力。

本章小结

改革开放以来,浙江在习近平同志提出的“八八战略”的指引下,在“千村示范、万村整治”工程、欠发达乡镇奔小康工程、山海协作工程等一系列工程的推动下,以深化城乡综合配套改革为强大动力,在创新、绿色、协调、开放、共享的发展新理念的引领下,走出了一条广大农民快速致富、共创共富的发展新路子。概括起来:一是以创新发展理念为引领,走大众创业、万众创新的“双创”之路;

二是以协调发展理念为引领，走城乡融合、产业融合的“二融”之路；三是以绿色发展理念为引领，走“绿水青山就是金山银山”的“两山”之路；四是以开放发展理念为引领，走对外开放、协同推进的“两开”之路；五是以共享发展理念为引领，走先富带后富、共创促共富的“两富”之路。浙江农民脱贫致富和共创共富还得益于发展壮大农村经济，完善农村基本经营制度的新路子，始终坚持以习近平同志关于完善农村基本经营制度的重要论述为指导；以新思维探索发展壮大集体经济新路子；党和政府为发展壮大农村集体经济提供了政策和体制保障。

思考题

1. 发展新理念引领浙江农民持续增收有哪几条好路径？

2. 浙江如何发展壮大村级集体经济？

3. 浙江如何综合施策推动精准脱贫？

拓展阅读

1. 章文彪. 城乡融合的浙江探索与实践[M]. 杭州：浙江人民出版社，2017.

2. 孙景淼，林健东. 乡村振兴的浙江实践[M]. 杭州：浙江人民出版社，2019.

3. 葛立成. 区域发展看浙江[M]. 杭州：浙江人民出版社，2008.

4. 孙景淼. 统筹城乡兴“三农”[M]. 杭州：浙江大学出版社，2020.

中国要强，农业必须强；中国要美，农村必须美；中国要富，农民必须富。

——习近平总书记在中央农村工作会议上的讲话，2013 年 12 月 23 日。

第五章　新时代中国特色“三农”发展道路的探索

本章要点

1. 习近平同志在浙江工作期间实施“千村示范、万村整治”工程和发展高效生态农业作为浙江“三农”改革发展的主抓手。

2. 习近平同志在浙江探索的中国特色社会主义“三农”发展道路概括起来有六个坚持：一是坚持执政为民重“三农”；二是坚持以人为本谋“三农”；三是坚持统筹城乡兴“三农”；四是坚持改革开放促“三农”；五是坚持科技教育强“三农”；六是坚持求真务实抓“三农”。

“中国要强，农业必须强；中国要美，农村必须美；中国要富，农民必须富。”我国是一个发展中的农业大国，农业人口占绝大多数，农业、农村、农民的“三农”问题在我国新民主主义革命时期、社会主义建设时期和改革开放新时期都具有特别重要的位置。长期以来，党中央一直强调解决好“三农”问题是全党工作和政府工作的重中之重，我国几代党和国家领导人都十分重视“三农”问题。习近平总书记从当年陕北的插队落户，到任河北正定县委书记、福建宁德地委书记、福州市委书记和主持福建省政府工作，在任浙江省委书记期间，作为省域治理的一把手，坚持亲自抓“三农”工作，实施了不少有创新性和前瞻性的“三农”改革发展工程，提出了许多“三农”发展的新思想、新理念、新战略。丰富的人生历练和工作经历，使其与“三农”结下了不解之缘，养成了对“三农”的深厚情怀，深化了对中国“三农”问题的深刻认知。习近平总书记准确把握国情、省情和时代的新要求，呼应人民群众的新期待，探求新阶段“三农”工作的新规律。

习近平总书记关于中国特色社会主义“三农”问题的重要论述内涵丰富，体系完整，系统阐述了解决中国“三农”问题的重大意义、指导思想、战略路径、发展动力、关键支撑、工作方法等重要内容，是中国新时期“三农”认识论、实践论、方法论的深化和有机统一，从区域治理层面提升到国家治理层面上，探索出了一条中国特色的社会主义“三农”发展道路，形成了全面科学的中国“三农”发展的理论体系，成为中国特色社会主义的“三农”思想的最新成果，为新时期中国“三农”问题的解决，实现农业强、农村美、农民富的奋斗目标提供了理论指导和根本遵循。

第一节　浙江“三农”发展的统筹谋划与系统工程

2002—2007 年，习近平同志担任浙江省委书记期间，高度重视“三农”工作，并且作为省域治理的一把手，坚持亲自抓“三农”工作，对浙江“三农”改革与发展倾注了巨大的热情和精力，身体力行地践行执政为民重“三农”的重农思想，坚持用改革创新的思路和办法来抓“三农”工作，实施了一系列具有创新性和前瞻性的“三农”发展工程，并在实践创新的同时，推进“三农”发展的理论创新，形成了比较系统的“三农”发展的新理念、新观点、新理论，从实践创新和理论创新相结合的高度，对中国特色社会主义“三农”发展道路进行了成功的探索。习近平同志在浙江作为省域治理一把手，对“三农”改革发展的实践与理论探索也为以后从省域治理到国家治理的跨越，为经略整个中国“三农”发展大局打下了扎实的基础。

习近平同志2002年担任浙江省委书记后，以全面深入的调查研究作为开创浙江改革发展新局面的开局之举。他用将近半年的时间跑遍全省的11个设区市，边调研边思考，问计于群众、问计于基层，尽快地熟悉和了解浙江的基本省情，“三农”问题是习近平同志全省大调研的一个重点。2003年，习近平同志在深入调查研究和分析思考的基础上，提出了把“八八战略”作为推动浙江新发展的大战略。与此同时，习近平同志通过深入调查研究，把实施“千村示范、万村整治”工程和发展高效生态农业作为浙江“三农”改革发展的主抓手。“千村示范、万村整治”工程是习近平同志在浙江抓的第一项“三农”工程，也是浙江新农村建设和后来美丽乡村建设的开创性工程，效应巨大、影响深远。这项工作主要涉及老百姓的民生问题、生活环境问题。习近平同志把新农村建设作为发展农业、增进农民利益的重大战略举措，在浙江工作期间率先实施“千村示范、万村整治”工程，强调要通过村庄整治和农村新社区建设，让农民过上幸福的生活。他在2005年全省农村工作会议上的讲话中提出，要建设一批规划科学、环境优美、经济繁荣、生活富裕、设施健全、服务配套、管理民主、社会和谐的农村新社区。

习近平同志经过调研发现，浙江农民比较富，素质也比较高，但是农村环境却比较差，苍蝇、蚊子非常多，地方政府不重视农村环境，只管理城市。环境好的村庄是少数，多数村庄的环境比较差，老百姓怨气也比较大。

在这种情况下，习近平同志提出实施“千村示范、万村整治”工程，以县为基础抓落实，并且亲自到县里开现场会。他在浙江工作四年多的时间里，开了四次现场会，去了四个地方，湖州一次，嘉兴一次，台州一次，宁波一次。这四次会议，习近平同志都是到县上指导具体的工作，然后再一条一条地细化内容，使每一次现场会都能与时俱进地促进“千万工程”建设水平的提升。由于亲历了这个过程，笔者深切地体会到习近平同志对农民的感情，对“三农”工作的重视。对于工程的部署，习近平同志也是亲力亲为，每一项重大的计划安排和工作要求，他都会亲自过目。他看地方政府是否重视这项工作有几个标准：第一，看公共财政拿的钱多不多；第二，看工作的力度大不大；第三，看老百姓的口碑好不好。在他的具体领导下，浙江乡村发生了翻天覆地的变化。之前，一到夜里，城市里灯火通明，农村黑灯瞎火。“千村示范、万村整治”工程之后，农村新增了路灯，夜里也非常明亮。之前，农村的垃圾到处扔，污水到处流。“千村示范、万村整治”工程之后，农村开始集中处理垃圾和污水，不再污染环境。还有，农民的住宅美化、院子整治也都取得了很好的成效。农村公共服务的强化等一系列惠民措施，都在短短四年间取得了重要的工作成效。

习近平同志离开浙江后，浙江继续沿着他的路子抓这项工作，一直抓了 17 年，一届接着一届干。所以，浙江的美丽乡村建设，成为全国的样本，成为“国标”。2015 年 5 月下旬，习近平总书记到浙江视察工作，看到农村的新面貌非常高兴。他说，浙江建设美丽乡村有自然禀赋，也有当年“千村示范、万村整治”工程的前瞻性。他还提议:“下次我们再到浙江来调研,不要住宾馆了,住农家乐,在农村和村民聊聊天多好,这里多干净,就是一个天然的大氧吧。”如何让农村成为农民幸福生活的美丽家园,习近平同志通过实施“千万工程”圆了浙江农民的梦。

如何让浙江农业成为能让农民赢利致富的产业?这也是作为浙江省委书记的习近平同时在思考探索的一个大问题。从村书记到县委书记,到地委书记再到省委书记的从乡村基层干起的履历让习近平同志对农民有一种特别深厚的感情,对农业有一种特别的情怀和责任。习近平同志认为一个国家或一个地方农业都有其发展脉络,有特定的历史背景。我们不能抛开我们的历史。所以,既要借鉴外面,又要走自己的路,走出一条具有中国特色的农业现代化道路。他还说,我们原来对农业现代化的认识是有问题的,一味追求农业的机械化、电气化、化学化,特别是化学化在许多方面已经过时了。习近平同志就在认真思考如何开拓新型的农业现代化。其后,他创造性地提出了浙江农业高效生态的发展模式。这是他在反复比较、反复思考中形成的。可以说,走出一条浙江特色、中国特色的农业现代化道路,是他在“三农”方面的一个特别重要的追求。2007年习近平同志以浙江省委书记名义在《人民日报》发表署名文章《走高效生态的新型农业现代化道路》,强调要把高效生态农业作为浙江现代农业的主攻方向,努力走出一条“经济高效、产品安全、资源节约、环境友好、技术密集、凸显人力资源优势”的新型农业现代化道路。习近平同志强调,发展高效生态农业要坚持以绿色消费需求为导向,体现农产品绿色化、特色化和品牌化的统一性,体现农业经济、社会、生态综合效益的最大化;要以农业资源集约、精细、高效和可持续开发利用为前提,体现集约化经营与生态化生产的有机统一;要以科技创新为农业增长的主动力,体现高产优质技术与绿色安全技术的有机统一;要以贸工农一体化的产业体系为支撑,体现专业化企业化生产与产业化社会化服务的有效连接。并强调要把培育专业大户、家庭农场、合作企业和专业合作社、农业龙头企业等新型农业生产经营主体作为发展高效生态现代农业的主抓手,大力促进农业承包地自愿基础上的流转和相对集中经营。

习近平同志还十分重视以统筹城乡发展的思路来推动“三农”问题解决,在2003年率先制定了《浙江省统筹城乡发展　推进城乡一体化纲要》,强调要实施新型城镇化与新农村建设双轮驱动的战略,以统筹城乡规划为先导,以深化城乡配套改革为动力,坚定不移地推进工业化、城市化、市场化,促进农业农村现代化,实施了一系列统筹城乡发展的工程举措,包括城乡一体化的基础设施建设、公共服务体系建设以及城乡配套的户籍制度改革、土地制度改革、公共服务制度改革和社会治理体制改革等工程。

同时,习近平同志还十分重视把欠发达山区跨越式发展和扶贫作为“三农”工作的一个战略重点。习近平同志强调,发达地区也有欠发达地区,也有贫困人口,扶贫还是我们的一项重要工作。习近平同志在浙江的扶贫工作已经具备了“精准扶贫、系统扶贫”的特点。在他的引领下,我们把浙江扶贫聚集到欠发达的山区、低收入的农户。欠发达山区的交通、基础设施非常落后。他强调,一定要改善欠发达地区的条件,发展交通和基础设施,看似花了很多钱,但是这个事情不能光算经济账,也要算政治账。习近平同志能够抓住问题的根本,他当时就指出,农民穷是穷在产业的落后上,很多农民生活贫困就是因为长期从事小农生产,没有向社会提供优质产品，要引导农业向优质高效的生态农业转变，促进农业的转型升级，让农民有自己的产业。特别偏远的山区，就要采取“挪穷窝”“生态移民”的方式来扶贫。习近平同志曾说，最穷的地方，就是山高水远、交通闭塞的穷山村，这些地方根本不适宜居住。旧社会，反动派把农民逼上山；今天，我们要把农民请下山。尽量把他们安置在县城或更好的地方，让他们到城镇安居乐业，还要对他们进行就业培训，让他们融入城镇，逐步稳下来、富起来。生态移民的方式，不仅解决了贫困问题，而且保护了生态环境，一举两得。习近平同志的扶贫思想里还有一个“兜穷底”的说法，具体来说，就是那些缺乏劳动能力、因病致贫的困难群众，无法进行产业扶贫、教育扶贫，也无法一时提高收入，政府就要给予城乡最低生活保障的扶持。他在浙江工作期间，全省实现了最低生活保障全覆盖。习近平同志还把山海协作工程和结对帮扶工程作为扶贫的创新举措，从浙江区域发展不平衡的实际出发，积极引导沿海发达地区的全国百强县与26个欠发达山区县实现一对一的帮扶政策，从产业转移、劳动就业和资金扶持等各个方面帮扶欠发达山区县加快发展。同时，从浙江全面消除贫困县的实际出发，把扶贫重点聚集到欠发达乡镇和低收入农户集中村，实施了欠发达乡镇奔小康工程和低收入农户奔小康工程，从而使浙江成为全国最早消除绝对贫困现象的省份。

第二节　浙江“三农”发展的基本经验与理论创新

习近平同志在浙江抓“三农”工作善于用实践创新与理论创新互促共进的工作方法，善于在深入农村的调查研究中发现“三农”

问题和改革发展亮点，善于把基层的创新创造转化为面上的政策导向，善于把实践创造提升到带有规律性的理论高度，为面上的政策、体制创新寻找新的突破口。由此，他在浙江这几年作为省域治理的一把手，在“三农”改革发展上厚积薄发，形成了从实践到理论的“三农”发展创新思路，可以说是找到了一条有中国特色的社会主义“三农”发展道路。

习近平同志在浙江探索的中国特色社会主义“三农”发展道路概括起来就是做到“六个坚持”。

一是坚持执政为民重“三农”。就是说搞“三农”工作首先要摆正“三农”在党和国家全局中的地位。执政为民重“三农”的重农思想是习近平同志在 2005 年浙江省农村工作会议上系统提出来的。他强调，立党为公、执政为民是党的根本宗旨，农民占人口的绝大多数是中国的基本国情，工农联盟是党执政的政治基础，农业是安天下、稳民心的战略产业，“三农”问题始终与我们党和国家的事业休戚相关。他在《之江新语》中这样写道：“要坚持党政主要领导亲自抓‘三农’工作，自觉地把‘重中之重’的要求落实到领导决策、战略规划、财政投入、工作部署和政绩考核上来，形成全社会支持农业、关爱农民、服务农村的强大合力和良好氛围。”

二是要做到以人为本谋“三农”。习近平同志在 2005 年浙江省农村工作会议上明确提出把“以人为本谋‘三农’”作为新时期“三农”工作指导思想，这个指导思想是对以往“以粮为纲”等指导思想的拨乱反正，也是马克思主义人是生产力中最活跃的因素和实现人的自由而全面发展思想的基本遵循，对做好新时期“三农”工作起到了重要的引领作用。他在那次会议上强调，以人为本谋“三农”，就是要以科学发展观来统领“三农”工作，把我们党一切为了群众、一切依靠群众的工作路线贯穿于“三农”工作的各个方面；就是要明确“三农”问题的核心是农民问题，农民问题的核心是增进利益和保障权益问题；就是要把切实提高农民素质、实现人的全面发展，作为“三农”工作的根本出发点和落脚点，实现好、维护好、发展好农民的物质利益和民主权利，不断增强农民群众的自我发展能力。

三是要坚持统筹城乡兴“三农”。就是明确要把统筹城乡发展作为解决“三农”问题的根本战略路径。2004 年 7 月 26 日，在浙江省“千村示范、万村整治”工作现场会上，习近平同志明确指出，统筹城乡发展、推进城乡一体化是解决“三农”问题的根本途径。城乡一体化的实质，就是打破二元结构，形成以城带乡、以乡促城、城乡互促共进的发展机制，不断缩小城乡差别，使城乡居民共享现代文明生活。2006 年 1 月，他在浙江省农村工作会议上讲到浙江的统筹城乡发展时提出，要通过推动城乡协同发展、建设农村新社区、培育新农民、树立新风尚、构建新体制，全面促进社会主义新农村建设，达到“三改一化”的目标，即把传统农业改造建设成为具有持久市场竞争力和能持续致富农民的高效生态农业；把传统村落改造建设成为让农民也能过上现代文明生活的农村新社区；把传统农民改造培育成为能适应分工分业发展要求的有文化、懂技术、会经营、高素质的新型农民，形成城乡互促、共同繁荣的城乡一体化发展新格局。

四是要坚持改革开放促“三农”。就是明确把改革开放作为推进“三农”发展最强大的动力机制。习近平同志认为改革开放是“三农”发展的强大利器。整个中国的改革从农村起步，是一条以农村改革推动城市改革进而推进城乡一体化改革的实践路径。农村的每一次大发展和大进步都是由改革推进的。2006年1月，他在全省农村工作会议上指出，坚持推进农村改革开放，就是要坚持深化市场取向的改革，提供有利于“三农”发展的体制机制保障，着眼于突破城乡二元结构，消除影响和束缚“三农”发展的制度障碍，形成让农村资源要素优化配置、农村经济增长方式加快转变、农村财富源泉充分涌流的发展体制和机制。他还多次强调，改革开放促“三农”，必须坚持尊重农民的实践创造、增进农民的根本利益。中国农村的改革始于基层农民的创新实践，要把尊重农民的实践创造、增进农民的根本利益和激发农村的发展活力，作为农村改革的根本出发点和落脚点。

五是要坚持科技教育强“三农”。就是说要把科技教育作为“三农”发展最重要的支撑。习近平同志在浙江农村调查研究中发现科技教育落后还是影响浙江“三农”发展的特别明显的短板。针对农村教育短板，习近平同志在2005年浙江省农村工作会议上强调指出，切实把“教育强省”的重点放到农村，大力普及农村学前3年教育、高中段教育和特殊教育，重视儿童早期教育，大力发展职业教育和成人教育。他指出，要加快建设教育强省的重点任务，突出农村教育，推动基础教育均衡发展，统筹城乡教育发展，完善以县为主的农村教育管理体系，改善农村办学水平。2005年7月，习近平同志在浙江省委十一届八次全会上指出，提高教育质量，推动义务教育均衡发展，普及高中阶段教育，逐步分类推进中等职业教育免除学杂费，率先从建档立卡的家庭经济困难学生实施普通高中免除学杂费，实现家庭经济困难学生资助全覆盖。“科技教育强‘三农’”就是要牢固树立科技是第一生产力的理念，进一步重视农业科技的创新和农业农村人才这些活要素的重要作用，加大科技教育投入，让科技教育全面提升“三农”建设的水平。习近平同志指出，必须把科技兴农作为一项基本政策，紧紧依靠科技进步，提高种植业和养殖业的单位面积产量，形成一个高产、低耗、优质、高效的农业生产体系。

六是要坚持求真务实抓“三农”。就是强调解决好“三农”问题，必须要有马克思主义求真务实的态度和工作作风，必须大力弘扬真抓实干、埋头苦干的作风和实干兴邦精神。习近平同志曾说，“三农”工作绝不能干虚的，要实打实的，要把强农惠农的措施落到实处。他强调，求真务实抓“三农”，就是要坚持解放思想、实事求是、与时俱进的思想路线，把握新时期新阶段“三农”工作的客观规律，积极探索解决“三农”问题的新途径；就是要坚持讲实话、出实招、办实事，把推进“三农”工作的各项政策举措真正落到实处；就是要牢固树立正确的政绩观，切实转变工作作风，真心真意地为农民群众谋利益，善于带领农民群众共创美好生活。在求真务实上，习近平同志强调要大兴调查研究之风，努力在求实、求细、求准、求效上下功夫；强调“一分部署，九分落实”，要发扬钉钉子精神，一锤一锤钉下去；强调干部要树立正确的政绩观，很重要的一条就是对那些实践证明行之有效的做法和决策要一以贯之，决不能朝令夕改，而要在前任的基础上添砖加瓦。有了好的蓝图，还要持之以恒干到底，干则必成。

一、确立治国理政的重农思想

农兴则盛，农衰则乱，这是我国几千年历史明鉴。中国历史上有着丰富的以农为本、重农为先的农本思想。早在春秋战国，《韩非子·诡使》有“仓廪之所以实者，耕农之本务也”之说，开创“文景之治”的汉文帝和开创大唐盛世的唐太宗都强调以农为本，对农民实行轻赋薄徭役、休养生息政策。中国共产党深谙这一历史治国理政的规律，毛泽东同志由此走出了一条农村包围城市的革命成功之路，邓小平同志探索了一条以农村改革推动全方位改革开放的改革发展之路。习近平同志从中国新时代全面建设小康社会和现代化建设新时期的实际出发，站在中国民族复兴、实现中国梦的历史高度，提出了“执政为民重‘三农’”治国理政的重农思想，努力探索一条以农民小康促全面小康，以农业现代化促经济社会现代化，以美丽乡村促美丽中国的民族复兴之路。习近平同志在2005年浙江省农村工作会议上系统地提出了“执政为民重‘三农’”的重农思想，强调“立党为公、执政为民是党的根本宗旨，农民占人口的绝大多数是中国的基本国情，工农联盟是党执政的政治基础，农业是安天下、稳民心的战略产业，‘三农’问题始终与我们党和国家的事业休戚相关”。正是从这一中国的基本国情出发，习近平同志阐述了执政为民重“三农”的重要性和必要性。党的十八大以来，习近平总书记在多个场合多次强调“重农”这一重要思想。2012年，习近平总书记在中美农业高层研讨会上提出“中国是拥有13.4亿人口的发展中国家，中国始终高度重视国家粮食安全，把发展农业、造福农村、富裕农民、稳定地解决13亿人口的吃饭问题作为治国安邦重中之重的大事”。在2013年中央农村工作会议上，习近平总书记强调“小康不小康，关键看老乡。一定要看到，农业还是‘四化同步’的短腿，农村还是全面建成小康社会的短板……农业基础稳固，农村和谐稳定，农民安居乐业，整个大局就有保障，各项工作都会比较主动”。习近平总书记在2015年底中央农村工作会议上作出重要批示，强调“重农固本，是安民之基。‘十三五’时期，必须坚持把解决好‘三农’问题作为全党工作重中之重，牢固树立和切实贯彻创新、协调、绿色、开放、共享的发展理念，加大强农惠农富农力度，深入推进农村各项改革，破解‘三农’难题、增强创新动力、厚植发展优势，积极推进农业现代化，扎实做好脱贫开发工作，提高社会主义新农村建设水平，让农业农村成为可以大有作为的广阔天地”。2016 年 4 月，习近平总书记在安徽凤阳县小岗村主持召开农村改革座谈会并发表重要讲话，他强调“当前，农业还是现代化建设的短腿，农村还是全面建成小康社会的短板。全党必须始终高度重视农业、农村、农民问题，把‘三农’工作牢牢抓住、紧紧抓好，不断抓出新的成效”。

如何在治国理政中体现“三农”重中之重的重农思想？习近平同志早在 2005 年《浙江日报》“之江新语”栏目中就明确指出：“要坚持党政主要领导亲自抓‘三农’工作，自觉地把‘重中之重’的要求落实到领导决策、战略规划、财政投入、工作部署和政绩考核上来，形成全社会支持农业、关爱农民、服务农村的强大合力和良好氛围。”习近平总书记把党管农村工作作为落实重农思想的最重要的政治和组织保障，在 2013 年中央农村工作会议上强调“党管农村工作是我们的传统。这个传统不能丢。各级党委要加强对‘三农’工作的领导，各级领导干部都要重视‘三农’工作，多到农村去走一走、多到农民家里去看一看，真正了解农民诉求和期盼，真心实意帮助农民解决生产生活中的实际问题，推动农村经济社会持续健康发展”。习近平总书记还强调基层干部和基层组织在落实重农政策中的重要作用，他指出：“农村政策千条万条，最终都得靠基层干部来落实。”“对广大农村基层干部，政治上要信任，工作上要依靠，生活上要关心。”“要建立和完善以党的基层组织为核心、村民自治和村务监督组织为基础、集体经济组织和农民合作组织为纽带、各种经济社会服务组织为补充的农村组织体系，使各类组织各有其位、各司其职。”

习近平总书记关于坚持把解决好“三农”问题作为全党工作重中之重的“执政为民重‘三农’”的重农思想在习近平关于“三农”工作的重要论述中居于核心和引领的地位，也是我们党治国理政的思想和战略的重要体现。

二、强化“三农”发展民本指向

“三农”问题的核心是农民，这是总结新中国成立以来正反两方面经验教训得到的科学结论。习近平在提出“以人为本谋‘三农’”的新观点时，就对改革开放前“三农”工作作过深刻的反思，他认为：“在建国后相当长一段时期的建设中，我们由于犯了急于求成的毛病，没有坚持以人为本和统筹兼顾，把‘三农’问题简单化为农业问题，只强调农业要为国民经济发展作贡献，农民要为国家建设作奉献，忽视增进农民利益和保护农民权益，使‘三农’问题得不到有效的解决。”[①]习近平同志在2005年浙江省农村工作会议上明确提出把“以人为本谋‘三农’”作为新时期“三农”工作的指导思想。这种“以人为本谋‘三农’”民本指向的新观点的提出，对新时期“三农”工作起到了重要的引领指导作用，也可以说是对以往“以粮为纲”等错误的“三农”工作指导思想的拨乱反正，也是马克思主义人是生产力中最活跃的因素和实现人的自由而全面发展思想的基本遵循。

“以人为本谋‘三农’”体现了习近平同志的以人民为中心的发展思想。这也是“三农”发展要紧紧围绕农民自由而全面的发展、让

① 习近平.干在实处　走在前列：推进浙江新发展的思考与实践[M].北京：中共中央党校出版社，2006：124.

全体农民都能过上富裕美好幸福的生活这一根本目标。习近平总书记在第十八届中央委员会第一次全体会议的讲话中提出，“人民对美好生活的向往就是我们的奋斗目标”。习近平总书记在共迎2016年元旦的全国政协新年茶话会上强调，“坚持以人民为中心的发展思想”。习近平总书记在省部级主要领导干部学习贯彻十八届五中全会精神专题研讨班开班式上进一步强调，“人民为中心的发展思想，不是一个抽象的、玄奥的概念，不能只停留在口头上、止步于思想环节，而要体现在经济社会发展各个环节”。以人为本谋“三农”就是“以人民为中心”发展思想在“三农”工作中的集中体现。

以人为本谋“三农”就是要体现“三农”发展为了农民的思想。习近平总书记在多个场合告诫我们，农业的发展不能以牺牲农民的利益为代价，不能搞以粮为纲，不能搞强迫命令，必须把生产经营自主权交给农民。农业要坚持以农业增效、农民增收为目标。习近平同志在浙江工作期间，就提出了发展高效生态农业，让农业成为能使农民致富的产业，让务农成为体面的职业，要“努力走经济高效、产品安全、资源节约、环境友好、技术密集、凸显人力资源优势的新型农业现代化道路”。2013年，习近平总书记在中央农村工作会议上强调，“谁来种地”这个问题，核心是要解决好人的问题，通过富裕农民、提高农民、扶持农民，让农业经营有效益，让农业成为有奔头的产业，让农民成为体面的职业，让农村成为安居乐业的美丽家园。同时，他强调，要继续推进社会主义新农村建设，为农民建设幸福家园和美丽乡村。建设社会主义新农村，要规划先行，遵循乡村自身发展规律，补农村短板，扬农村长处，注意乡土味道，保留乡村风貌，留住田园乡愁。要因地制宜搞好农村人居环境综合整治，创造干净整洁的农村生活环境。2016年，习近平总书记在安徽凤阳县小岗村主持召开农村改革座谈会时强调，发展现代农业，要在稳定粮食生产、确保国家粮食安全基础上，着力构建现代农业产业体系、生产体系、经营体系，加快构建职业农民队伍，形成一支高素质农业生产经营者队伍。习近平总书记还强调，要尊重农民意愿和维护农民权益，把选择权交给农民，由农民选择而不是代替农民选择，可以示范和引导，但不搞强迫命令、不刮风、不一刀切；要形成农村社会事业发展合力，努力让广大农民学有所教、病有所医、老有所养、住有所居。

以人为本谋“三农”就是体现“三农”发展要紧紧依靠农民，把调动农民的积极性、创造性作为“三农”发展的根本动力的思想。习近平同志在2006年浙江省农村工作会议上的讲话强调，“‘坚持多予少取放活’，不断增强‘三农’的自我发展能力。增加‘三农’投入、减轻农民负担、创新发展模式，充分调动农民的积极性、创造性，不断提升农业综合生产能力、农民创业致富能力和农村可持续发展能力”。在浙江省工作期间，习近平同志主持出台了众多促进农民素质能力提升的政策措施，制定了全国第一个省级《农民专业合作社条例》，实施了免费就读大中专农业技术专业和“千万农村劳动力素质培训工程”。党的十八大以来，习近平总书记高度重视新型农民培育，在2013年中央农村工作会议上指出，“提高农民，就要提高农民素质，培养造就新型农民队伍”。他强调，“抓紧制定专门规划和切实可行的具体政策，加大农业职业教育和技术培训力度，把培养青年农民纳入国家实用人才培养计划，确保农业后继有人”，同时指出，“要不断提高农村基本公共服务的标准和水平，实现从有到好的转变，逐步推进城乡基本公共服务均等化”。

以人为本谋“三农”就是要体现“三农”发展的成果由农民共享

的思想。习近平同志在多个场合强调，让农民成为体面的职业、让农业成为有奔头的产业、让农村成为农民幸福生活的家园。在党的十八大提出全面建成小康社会目标任务的同时，习近平总书记特别强调要把农民的小康作为全面建成小康社会的必须要完成的艰巨任务。习近平总书记强调“小康不小康，关键看老乡”，“全面建成小康社会，最艰巨最繁重的任务在农村、特别是在贫困地区。没有农村的小康，特别是没有贫困地区的小康，就没有全面建成小康社会”，要“确保到 2020 年所有贫困地区和贫困人口一道迈入全面小康社会”，“决不能让一个少数民族、一个地区掉队，要让 13 亿中国人民共享全面小康的成果”。

三、探索“三农”发展战略路径

城乡关系是人类经济社会发展中最基本、最重要的一对关系。从一定意义上来说，一部人类社会文明发展史就是城乡关系的变革演进史。城乡关系处理是否得当，是发展中国家迈向现代化进程顺畅与否的决定性因素。我国在计划经济体制下形成的急于求成的国家工业化赶超战略和城乡分割的二元经济社会结构是制约“三农”发展的根本性体制障碍。习近平同志在 2004 年浙江省“千村示范、万村整治”工程工作现场会上就明确指出，统筹城乡发展、推进城乡一体化是解决“三农”问题的根本途径。城乡一体化的实质，就是打破二元结构，形成以城带乡、以乡促城、城乡互促共进的发展机制，不断缩小城乡差别，使城乡居民共享现代文明生活。党的十八大以来，习近平总书记站在新的历史高度，对实施统筹城乡兴“三农”方略的重要性和必要性作了更深刻的阐述。2013 年 11 月 9 日，习近平总书记在中共十八届三中全会上就《中共中央关于全面深化改革若干重大问题的决定》所作的说明中强调，城乡发展不平衡不协调，是我国经济社会发展存在的突出矛盾，是全面建成小康社会、加快推进社会主义现代化必须解决的重大问题。改革开放以来，我国农村面貌发生了翻天覆地的变化。但是，城乡二元结构没有根本改变，城乡发展差距不断拉大的趋势没有根本扭转。根本解决这些问题，必须推进城乡发展一体化。

习近平同志还对统筹城乡兴“三农”方略的内涵作出了科学的阐述：“我们强调务必统筹城乡兴‘三农’，就是要站在经济社会发展全局的高度，确立以统筹城乡发展的方略解决‘三农’问题的新思路，实行工业反哺农业、城市支持农村的方针；就是要把农业的发展放到整个国民经济发展中统筹考虑，把农村的繁荣进步放到整个社会进步中统筹规划，把农民的增收放到国民收入分配的总格局中统筹安排；就是要把农村和城市作为一个有机统一的整体统筹协调，充分发挥城市对农村的带动作用和农村对城市的促进作用，形成以城带乡、以工促农、城乡互动、协调发展的体制和机制。”①

实施统筹城乡兴“三农”方略的核心是要建立健全城乡发展一体化的体制机制。我国是发展中大国，国情和基础条件不同，必须从实际出发，建立一套有中国特色的城乡融合的体制机制。2015年4月，习近平总书记在中共中央政治局第二十二次集体学习时指出：“推进城乡发展一体化要坚持从国情出发，从我国城乡发展不平衡不协调和二元结构的现实出发，从我国的自然禀赋、历史文化传统、制度体制出发，既要遵循普遍规律、又不能墨守成规，既要借鉴国际先进经验、又不能照抄照搬。要把工业和农业、城市和乡村作为一个整体统筹谋划，促进城乡在规划布局、要素配置、产业发展、公共服务、生态保护等方面相互融合和共同发展。着力点是

① 习近平.之江新语[M].杭州：人民出版社，2007：103-104.

通过建立城乡融合的体制机制，形成以工促农、以城带乡、工农互惠、城乡一体的新型工农城乡关系，目标是逐步实现城乡居民基本权益平等化、城乡公共服务均等化、城乡居民收入均衡化、城乡要素配置合理化，以及城乡产业发展融合化。”

在2013年中央农村工作会议上，习近平总书记又明确强调，改变先工业后农业、先城市后农村、先市民后农民发展次序，把“三农”发展放到重中之重和优先位置，把城乡作为经济社会和生态大系统进行统筹规划建设，实行新型工业化、新型城镇化、信息化与农业农村现代化联动推进，开创城乡经济社会发展一体化新局面。

实施统筹城乡兴“三农”方略的战略重点是要加快建设社会主义新农村。党的十六届五中全会把建设社会主义新农村作为缩小城乡差距，解决新时期“三农”问题的重大战略举措。习近平同志把农村环境整治建设作为新农村建设的基础工程，早在2003年在浙江部署实施了“千村示范、万村整治”工程，取得了明显的成效。2015年在视察舟山期间，习近平总书记对村民们说，浙江建设美丽乡村有自然禀赋，也有当年开展“千村示范、万村整治”工程的前瞻性。2013年，习近平总书记在湖北考察时指出，即使城镇化程度到了70%，也还有四五亿人在农村。农村绝不能成为荒芜的农村、留守的农村、记忆中的故园。城镇化要发展，农业现代化和新农村建设也要发展，同步发展才能相得益彰，要推进城乡一体化发展。2013年，习近平总书记在城乡一体化试点的鄂州市长港镇峒山村考察时说：“实现城乡一体化，建设美丽乡村，是要给乡亲们造福，不要把钱花在不必要的事情上，比如说‘涂脂抹粉’，房子外面刷层白灰，一白遮百丑。不能大拆大建，特别是古村落要保护好。”[①]

城乡基本公共服务均等化是统筹城乡兴“三农”的重要建设目标。城乡二元结构形成了农村居民和城市居民公共服务之间的巨大差别，弥合这一制度的鸿沟是统筹城乡兴“三农”的应有之义。习近平总书记指出：“经过多年努力，我们已基本改变了农民的事农民办的做法，基本建立了覆盖全国的免费义务教育制度、新型农村合作医疗制度、农村最低生活保障制度、新型农村社会养老保险制度，在制度上实现了从无到有的历史性转变。下一步，要不断提高农村基本公共服务的标准和水平，实现从有到好的转变，逐步推进城乡基本公共服务均等化。”[②]城乡公共服务均等化要重视农村的教育、医疗等群众关心的问题，2014 年 12 月 13 日，习近平总书记在江苏镇江世业镇卫生院了解农村医疗卫生事业发展和村民看病就医情况时说：“没有全民健康，就没有全面小康。医疗卫生服务直接关系人民身体健康。要推动医疗卫生工作重心下移、医疗卫生资源下沉，推动城乡基本公共服务均等化，为群众提供安全有效方便价廉的公共卫生和基本医疗服务，真正解决好基层群众看病难、看病贵问题。”

四、激活“三农”发展动力源泉

改革开放是党在新的时代条件下带领全国各族人民进行的新的伟大革命，是当代中国最鲜明的特色。改革开放是决定当代中国命运的关键抉择，是党和人民事业大踏步赶上时代的重要法宝，

---

① 习近平．建设美丽乡村不是“涂脂抹粉”[EB/OL]．(2013-07-22)[2020-08-15]．http://politics.people.com.cn/n/2013/0722/c1024-22284047.html.

② 中共中央文献研究室．在中央农村工作会议上的讲话(2013 年 12 月 23 日)[M]//十八大以来重要文献选编(上)．北京：中央文献出版社，2014：682.

也是“三农”发展的强大利器。整个中国的改革是从农村起步的，就是一条以农村改革推动城市改革进而推进城乡一体化改革的实践路径。每一步农村的大发展大进步都是由改革推动的。习近平同志在2005年明确提出“改革开放促‘三农’”新观点，提出“改革开放是强国之路，是社会主义现代化建设的根本动力，也是推动农村经济社会发展的不竭动力”。

习近平同志在2005年浙江省农村工作会议讲话时阐述了“改革开放促‘三农’”的内涵，他强调“改革开放促‘三农’，就是要以与时俱进的精神状态和强烈的政治责任感深入推进改革开放，不断为‘三农’发展添活力、强动力、增后劲；就是要致力于推进城乡配套的各项改革，革除一切影响‘三农’发展的体制弊端，建立有利于消除城乡二元结构的机制和体制；就是要以开放促发展，大力实施‘走出去’‘引进来’的战略，不断拓展‘三农’发展新空间”。在2016年主持召开的安徽凤阳县小岗村农村改革座谈会上，习近平总书记强调，“解决农业农村发展面临的各种矛盾和问题，根本靠深化改革”。

改革开放促“三农”就是要坚持深化市场取向的改革。习近平同志在2005年浙江省农村工作会议上指出，“这些年来，我省通过积极推进市场化取向改革，形成了体制和机制优势。我们率先推进农村工业化和市场化，率先推进乡镇企业股份化和城市化，率先推进城乡一体化和经济外向化。正是这些率先推进和不断深化的改革，使得浙江经济社会发展始终充满生机与活力，‘三农’工作也不断向前推进”。习近平同志在2006年浙江省农村工作会议上强调，坚持推进农村改革开放，就是要“坚持深化市场取向的改革，提供有利于‘三农’又快又好发展的体制机制保障。着眼于突破城乡二元结构，消除影响和束缚‘三农’发展的制度障碍，形成让农村资源要素优化配置、农村经济增长方式加快转变、农村财富源泉充分涌流的发展体制和机制”。

改革开放促“三农”就是要与时俱进深化农村综合改革。习近平总书记 2016 年在小岗村主持召开农村改革座谈会时指出，新形势下深化农村改革，主线仍然是处理好农民和土地的关系。最大的政策，就是必须坚持和完善农村基本经营制度，坚持农村土地集体所有，坚持家庭经营基础性地位，坚持稳定土地承包关系。要抓紧落实土地承包经营权登记制度，真正让农民吃上“定心丸”。

习近平总书记强调，完善农村基本经营制度，要顺应农民保留土地承包权、流转土地经营权的意愿，把农民土地承包经营权分为承包权和经营权，实现承包权和经营权分置并行。这是农村改革又一次重大制度创新。放活土地经营权，推动土地经营权有序流转，政策性很强，要把握好流转、集中、规模经营的度，要与城镇化进程和农村劳动力转移规模相适应，与农业科技进步和生产手段改进程度相适应，与农业社会化服务水平提高相适应。

改革开放促“三农”必须坚持尊重农民的实践创造、增进农民的根本利益。中国农村的改革始于基层农民的创新实践，要把尊重农民的实践创造、增进农民的根本利益和激发农村发展活力作为农村改革的根本出发点和落脚点。习近平总书记在 2014 年 12 月主持召开中央全面深化改革领导小组第七次会议并发表重要讲话。他在讲话中强调，改革开放在认识和实践上的每一次突破和发展，无不来自人民群众的实践和智慧。要鼓励地方、基层、群众解放思想、积极探索，鼓励不同区域进行差别化试点，善于从群众关注的焦点、百姓生活的难点中寻找改革切入点，推动顶层设计和基层探索良性互动、有机结合。2016 年在安徽凤阳县小岗村主持召开农村改革座谈会上习近平总书记再次强调“中国要强农业必须强，中国要美农村必须美，中国要富农民必须富”的“三农”发展目标，并强调改革“要尊重农民意愿和维护农民权益，把选择权交给农民，由农民选择而不是代替农民选择，可以示范和引导，但不搞强迫命令、不刮风、不一刀切。不管怎么改，都不能把农村土地集体所有制改垮了，不能把耕地改少了，不能把粮食生产能力改弱了，不能把农民利益损害了”。

五、增强“三农”发展关键支撑

“三农”要强，科技教育必须强。近现代世界强国的崛起和现代农业的发展都以科技教育为支撑，科技创新与教育成为强国富民的关键。习近平总书记高度重视科技教育在“强三农”中的作用。2016年5月，习近平总书记在全国科技创新大会、两院院士大会、中国科协第九次全国代表大会上指出，“科技兴则民族兴，科技强则国家强”，“科技是国之利器，国家赖之以强，企业赖之以赢，人民生活赖之以好。中国要强，中国人民生活要好，必须有强大科技”。我国农业要强、农民要富、农村要美，科技也是重要的关键支撑。习近平同志在多个场合的讲话中谈到科教兴农的重要性。2012年9月视察中国农业大学时，习近平同志对在场的专家、群众和干部说，“中国人多地少，人多水少，确保农产品有效供给，根本出路在科技”。

科技教育强“三农”的内涵，就是要牢固树立科技是第一生产力的理念，科技教育是补齐我国“三农”短板的内在必然要求；就是要进一步重视农业科技的创新和农业农村人才这些活要素的重要作用，加大科技教育投入，让科技教育全面提升“三农”建设的水平。习近平同志指出“我们农业的发展必须把科技兴农作为一项基本政策，紧紧依靠科技进步，提高种植业和养殖业的单位面积产量，形成一个高产、低耗、优质、高效的农业生产体系”[①]。习近平同志回忆说：“1968 年我在陕北延川县梁家河村插队的时候，只不过是在全村搞了沼气化的科技活动，但却尝到了推广科技进步的甜头。”[②]

科技教育强“三农”，要推动科技教育要素在农业发展中的贡献。习近平总书记 2013 年 11 月在山东考察时强调，“要给农业插上科技的翅膀，按照增产增效并重、良种良法配套、农机农艺结合、生产生态协调的原则，促进农业技术集成化、劳动过程机械化、生产经营信息化、安全环保法治化，加快构建适应高产、优质、高效、生态、安全农业发展要求的技术体系”。2013 年 11 月，习近平总书记在山东农业科学院召开座谈会时表示，“农业出路在现代化，农业现代化关键在科技进步。我们必须比以往任何时候都更加重视和依靠农业科技进步，走内涵式发展道路”。

科技教育强“三农”，必须要把这一方略的重点放在人的要素上。2013 年 11 月 28 日，习近平总书记在山东农业科学院召开座谈会时表示，要适时调整农业技术进步路线，加强农业科技人才队伍建设，培养新型职业农民。要稳步推进农村改革，创造条件赋予农民更多财产权利。习近平同志在福建省级领导岗位上，及时发现和推广了农业科技特派员下乡的“南平经验”，这一经验后来成功移植到浙江和其他一些省份。浙江从 2003 年开展实行农业科技特派员制度。10 余年来，省市县三级共派送达 12 万人次。

科技教育强“三农”，要把脱贫致富作为一个战略重点。习近平提出，要紧紧扭住教育这个脱贫致富的根本之策，再穷不能穷教

① 习近平. 摆脱贫困[M]. 福州：福建人民出版社，1992：137-138.

② 习近平. 摆脱贫困[M]. 福州：福建人民出版社，1992：138.

育，再穷不能穷孩子，保证贫困家庭孩子受到教育，不要让孩子输在起跑线上。习近平同志在担任浙江省委书记期间，高度重视欠发达地区的教育培训和人力资本开发，特别是让欠发达地区农民子女都能上好学，通过教育培训提高农民整体素质。2004 年开始浙江农业技术类大中专学生免除学杂费。

六、培养“三农”工作优良作风

求真务实抓“三农”的重要性。“三农”是我国经济社会发展的短板，“三农”发展战略目标的实现，必须要有求真务实的态度和工作作风，才能让“三农”政策落在实处，才能执政为民重“三农”。在 2005 年浙江省农村工作会议上，习近平同志指出，“改革蓝图有了，现在的关键是把蓝图一步步变为现实”。要求真，是因为“三农”问题具有很强的综合性、复杂性、动态性，受到多种因素的影响，既有计划经济时代遗留的问题，也有市场化、工业化、城市化进程中新出现的问题；既有“三农”自身存在的问题，也有城乡二元结构制约的问题。所以，必须从历史的、全局的和理论与实践相结合的高度，把握“三农”工作的规律性，使其更好地体现时代性、富于创造性。要务实，是因为“三农”问题直接面对广大农民群众，涉及亿万农民的根本利益，我们所有的政策举措只有落到实处，广大农民群众才能真正得到实惠。在实际中，“三农”工作的成绩有时往往是“潜绩”而不是“显绩”，必须持之以恒、始终如一地抓下去。

求真务实就要大兴调查研究之风。求真务实，是马克思主义者必须一以贯之的科学精神和工作作风。弘扬求真务实精神，大兴求真务实之风，总的就是要我们去求社会主义现代化建设客观规律之真，务发展最广大人民根本利益之实。搞好新时期新阶段的“三农”工作，更需要我们保持和发扬求真务实的精神。

重视农村基层党组织建设，加快完善乡村治理机制。这是求真务实抓“三农”的必然要求。基础不牢，地动山摇。农村工作千头万绪，抓好农村基层组织建设是关键。无论农村社会结构如何变化，无论各类经济社会组织如何发育成长，农村基层党组织的领导地位不能动摇、战斗堡垒作用不能削弱。农村党支部在农村各项工作中居于领导核心地位。具体地说，就是要在谋划发展战略上，把建设新农村作为重中之重；在工作部署上，把推进新农村建设作为重中之重；在深化改革上，把建立有利于新农村建设的体制机制作为重中之重；在政府财力安排上，把支持新农村建设作为重中之重；在生产要素配置上，把引导劳动、知识、技术、管理和资本流向新农村建设作为重中之重；在组织领导上，把加强和改进党对新农村建设的领导作为重中之重；在政绩考核上，把建设新农村的成效作为衡量干部政绩的重中之重。

本章小结

2002—2007 年，习近平同志担任浙江省委书记期间，高度重视“三农”工作，并且作为省域治理的一把手，坚持亲自抓“三农”工作，对浙江“三农”改革与发展倾注了巨大的热情和精力，身体力行地践行执政为民重“三农”的重农思想，坚持用改革创新的思路和办法来抓“三农”工作，实施了一系列具有创新性和前瞻性的“三农”发展工程，并在实践创新的同时，推进“三农”发展的理论创新，形成了比较系统的“三农”发展的新理念、新观点、新理论，从实践创新和理论创新相结合的高度，对中国特色社会主义“三农”发展道路进行了成功的探索。习近平同志在浙江探索的中国特色社会主义“三农”发展道路概括起来有六个坚持：一是坚持执政为民重“三农”；二是坚持以人为本谋“三农”；三是坚持统筹城乡兴“三农”；四是坚持改革开放促“三农”；五是坚持科技教育强“三农”；六是坚持求真务实抓“三农”。习近平同志在浙江作为省域治理一把手，对“三农”改革发展的实践与理论探索也为以后从省域治理到国家治理的跨越，为经略整个中国“三农”发展大局打下了扎实的基础。

思考题

1. 习近平同志在浙江发展“三农”的主要工作举措有哪些？

2. 习近平同志在浙江工作期间“三农”理论创新方面的主要观点是什么？

3. 习近平同志在浙江工作期间“三农”实践与理论创新的现实意义有哪些？

拓展阅读

1. 习近平. 之江新语[M]. 杭州：浙江人民出版社，2007.

2. 习近平. 干在实处　走在前列：推进浙江新发展的思考与实践[M]. 北京：中共中央党校出版社，2013.

3. 中共中央党史和文献研究院. 习近平关于“三农”工作论述摘编[M]. 北京：中央文献出版社，2019.

后　记

“千村示范、万村整治”工程是时任浙江省委书记习近平亲自谋划、亲自组织实施的一项统筹城乡兴“三农”的重大民生工程，是“一张蓝图绘到底、一届接着一届干”的持续时间长达 17 年的持久工程，也是实施效果特别好、浙江所有农民群众无不交口称赞的口碑工程。可以说，它也是浙江实施“八八战略”中最亮的篇章之一。这项工程不仅得到广大浙江干部、群众的一致赞誉，也得到全国兄弟省份和中央有关部门的充分肯定，这一工程的影响力也超越了国界，“千村示范、万村整治”工程获得了联合国“地球卫士奖”。当年习近平同志谋划实施这一“千万工程”是呼应了当时浙江农民群众强烈要求改变村庄环境脏乱差、城乡基础设施和公共服务差距大的民意。经过 17 年全省广大乡村都变成了生态宜居的美丽乡村，浙江成为全国人居环境最优美、居民收入最高的省份。中央、国务院多次发文件，要求全国学习推广浙江“千万工程”的经验，把开展农村人居环境整治“三年行动计划”作为实施乡村振兴战略的重要任务。一项工程能达到如此好的效果确实是近年来十分罕见的大好事。可以说，“千村示范、万村整治”工程开创了美丽乡村和美丽中国建设的新征程，为“绿水青山就是金山银山”的“两山”转化打开了一条全新的大通道。这一工程的成功实施是习近平同志“三农”情怀的充分表达，也是习近平同志“三农”实践的重大创新。

为更好地总结学习习近平新时代中国特色社会主义思想在浙

江实践中的萌发过程与基本经验，浙江大学组织专家编写“新思想在浙江的萌发与实践”系列教材。《“千万工程”与美丽乡村》是该系列教材分册之一。本书由当年亲自参与“千村示范、万村整治”工程的现为浙江省文史馆馆员、浙江省乡村振兴研究院首席专家、浙江大学中国农村发展研究院特聘教授顾益康牵头编著，旨在真实地记录“千村示范、万村整治”工程 17 年的实施历程，全面反映这一工程的建设全貌，客观展示这一工程取得的实际效果，系统总结这一工程得以持续推进并取得巨大成效的工作经验与启示。

本书编著过程中得到了浙江农林大学浙江省乡村振兴研究院潘伟光教授、刘传磊老师、王敬培老师和李鼎扶老师的积极参与和大力支持。特别感谢浙江财经大学米松华副教授花了很多时间对本书章节和文字进行修改完善。同时，由衷感谢王永昌、胡坚、张彦等多位审稿专家提出的宝贵意见，也感谢浙江大学出版社徐霞编辑的热情周到的服务和浙江大学宣传部领导的大力支持。在此，对所有为本书编著出版作出贡献的同志表示衷心感谢！本书难免存在诸多不足之处，期待读者的批评与指正。

顾益康

2021 年 2 月

图书在版编目(CIP)数据

“千万工程”与美丽乡村 / 顾益康编著. —杭州:浙江大学出版社，2021.3(2024.10 重印)

ISBN 978-7-308-21068-3

Ⅰ. ①千… Ⅱ. ①顾… Ⅲ. ①农村—社会主义建设—概况—浙江 Ⅳ. ①F327.55

中国版本图书馆 CIP 数据核字(2021)第 028317 号

“千万工程”与美丽乡村

顾益康 编著

出 品 人 褚超孚
总 编 辑 袁亚春
策划编辑 黄娟琴
责任编辑 徐 霞
责任校对 汪 潇
封面设计 程 晨
出版发行 浙江大学出版社
(杭州市天目山路 148 号 邮政编码 310007)
(网址:http://www.zjupress.com)
排 版 杭州朝曦图文设计有限公司
印 刷 浙江新华数码印务有限公司
开 本 710mm×1000mm 1/16
印 张 11.75
字 数 143 千
版 印 次 2021 年 3 月第 1 版 2024 年 10 月第 10 次印刷
书 号 ISBN 978-7-308-21068-3
定 价 36.00 元